I0566889

BESTACTIVITYBOOKS.COM

PREMIERE ÉDITION

Dépôt légal, 2022

Illustration Graphique Extra: www.freepik.com
Merci à Alekksall, Starline, Pch.vector, Rawpixel.com, Vectorpocket, Dgim-studio, Upklyak, Macrovector, Stockgiu, Pikisuperstar & Freepik.com Designers

5 ASTUCES POUR DÉMARRER !

1) COMMENT RÉSOUDRE LES MOTS MÊLÉS

Les puzzles sont dans un format classique :

- Les mots sont cachés sans espaces, tirets, ...
- Orientation : Les mots peuvent être écrits en avant, en arrière, vers le haut, vers le bas ou en diagonale (ils peuvent être inversés).
- Les mots peuvent se chevaucher ou se croiser.

2) UN APPRENTISSAGE ACTIF

Un espace est prévu à côté de chaque mots pour noter la traduction. Pour favoriser un apprentissage actif un **DICTIONNAIRE** à la fin de cette édition vous permettra de vérifier et étendre vos connaissances. Cherchez et notez les traductions, trouvez-les dans le Puzzle et ajoutez-les à votre vocabulaire !

3) MARQUEZ LES MOTS

Vous pouvez inventer votre propre système de marquage. Peut-être en utilisez-vous déjà un ? Sinon, vous pourriez, par exemple, marquer les mots qui ont été difficiles à trouver d'une croix, ceux que vous avez aimés d'une étoile, les mots nouveaux d'un triangle, les mots rares d'un diamant, etc...

4) STRUCTUREZ VOTRE APPRENTISSAGE

Cette édition vous offre un **CARNET DE NOTES** très pratique à la fin du livre. En vacances ou en voyage ou à la maison, vous pouvez facilement organiser vos nouvelles connaissances sans avoir besoin d'un second bloc-notes !

5) VOUS AVEZ FINI TOUTES LES GRILLES ?

Allez à la section bonus **CHALLENGE FINAL** pour trouver un jeu gratuit à la fin de cette édition !

Simple et Rapide ! Découvrez notre collection de livres d'activités pour votre prochain moment de détente et **d'apprentissage**, à juste un clic de distance !

Trouvez votre prochain défi sur :

BestActivityBooks.com/MonProchainLivre

À vos marques, prêts... Partez !

Saviez-vous qu'il existe environ 7 000 langues différentes dans le monde ? Les mots sont précieux.

Nous aimons les langues et avons travaillé dur pour créer les livres de la plus haute qualité pour vous. Nos ingrédients ?

Une sélection des thématiques d'apprentissage adaptée, trois belles parts de divertissement, puis nous ajoutons une cuillère de mots difficiles et une pincée de mots rares. Nous les servons avec soin et un maximum de plaisir pour vous permettre de résoudre les meilleurs jeux de mots mêlés qui soient et d'apprendre en vous amusant !

Votre avis est essentiel. Vous pouvez participer activement au succès de ce livre en nous laissant un commentaire. Nous aimerions vraiment savoir ce que vous avez préféré dans cette édition !

Voici un lien rapide qui vous mènera à la page d'évaluation de vos commandes :

BestBooksActivity.com/Avis50

Merci pour votre aide et amusez-vous bien !

De la part de toute l'équipe

1 - Adjectifs #2

C	D	R	I	W	A	Y	I	C	V	S	Y	Z	L	N	X
Z	S	P	Ł	N	F	N	D	I	Y	C	Ł	V	B	U	F
Y	N	A	W	O	T	N	E	L	A	T	U	A	V	B	D
S	L	I	Z	A	J	E	S	Z	J	K	S	Q	W	N	A
T	O	K	C	D	O	S	R	U	O	R	Ł	E	U	N	B
Y	Z	C	R	Ó	W	T	O	E	W	D	O	B	V	M	Y
I	Y	N	Ż	Ę	T	O	P	S	S	C	N	K	U	H	N
A	W	A	E	C	U	T	I	Q	I	U	Y	E	W	Q	M
S	O	G	Y	A	O	T	S	J	H	L	J	Ł	C	B	U
U	R	E	V	G	K	W	O	V	O	R	N	Ą	Z	P	D
C	D	L	J	L	V	M	W	V	A	P	V	Y	C	X	N
H	Z	E	D	N	W	F	Y	D	Z	I	K	I	Q	Y	O
Y	N	W	Y	T	K	U	D	O	R	P	J	P	Z	T	W
D	R	A	M	A	T	Y	C	Z	N	Y	M	M	F	Ł	Y
N	T	H	N	A	T	U	R	A	L	N	Y	K	K	C	C
A	U	T	E	N	T	Y	C	Z	N	Y	E	L	N	S	C

AUTENTYCZNY
SŁAWNY
TWÓRCZY
OPISOWY
UTALENTOWANY
DRAMATYCZNY
ELEGANCKI
DUMNY
SILNY
INTERESUJĄCY

NATURALNY
NOWY
PRODUKTYWNY
POTĘŻNY
CZYSTY
ZDROWY
SŁONY
DZIKI
SUCHY
SENNY

2 - Formes

E	K	U	Ł	G	U	B	Q	V	X	F	F	O	A	H	B
L	W	N	K	L	R	M	U	A	L	D	K	G	D	U	G
I	A	A	K	H	R	E	D	N	I	L	Y	C	F	T	L
P	D	R	H	L	L	I	N	I	A	S	T	O	Ż	E	K
S	R	O	T	A	M	Z	Y	R	P	O	D	N	S	P	R
A	A	Ż	V	L	O	D	Q	Ł	K	N	Ł	O	W	A	L
Q	T	N	B	U	N	Ę	M	L	Z	B	Ł	O	C	D	T
S	Ł	I	D	K	U	W	W	X	G	Y	Ł	V	K	I	L
Z	K	K	T	Y	Z	A	W	I	B	I	F	U	R	M	S
F	K	J	V	L	I	R	D	L	E	O	Q	S	Z	A	Z
H	Q	Z	K	S	G	K	I	R	W	L	K	T	Y	R	E
P	R	O	S	T	O	K	Ą	T	R	T	O	U	W	I	Ś
T	R	Ó	J	K	Ą	T	Ł	A	L	T	A	K	A	P	C
R	K	S	X	Q	P	W	K	Y	Ł	H	Y	Q	Ą	N	I
U	S	L	K	D	V	Z	N	V	I	P	N	N	N	T	A
H	I	P	E	R	B	O	L	A	S	B	J	V	G	Q	N

ŁUK
KRAWĘDZIE
KWADRAT
KOŁO
NAROŻNIK
KRZYWA
STOŻEK
BOK
SZEŚCIAN
CYLINDER
ELIPSA
HIPERBOLA
LINIA
OWAL
WIELOKĄT
PRYZMAT
PIRAMIDA
PROSTOKĄT
KULA
TRÓJKĄT

3 - Force et Gravité

R	M	Z	Y	T	E	N	G	A	M	F	C	J	W	O	W
P	U	B	H	U	A	B	M	F	T	I	U	O	Ł	D	P
R	O	C	J	N	K	R	G	N	G	Z	F	R	A	K	Ł
Ę	Y	N	H	I	I	M	C	E	K	Y	Ć	B	Ś	R	Y
D	W	V	V	W	N	M	V	I	V	K	Ś	I	C	Y	W
K	Ł	V	J	E	A	E	Y	N	E	A	O	T	I	C	E
O	E	R	M	R	H	V	C	E	H	S	Ł	A	W	I	O
Ś	R	O	S	S	C	I	U	I	W	A	G	A	O	E	Ł
Ć	O	S	G	A	E	D	C	N	P	Z	E	J	Ś	S	F
H	J	C	G	L	M	B	H	Ś	S	C	L	M	C	X	N
I	X	O	C	N	X	J	C	I	E	J	D	X	I	J	Z
Z	J	L	Ś	Y	N	B	M	C	Y	V	O	E	Q	H	U
P	L	A	N	E	T	Y	E	K	S	P	A	N	S	J	A
C	B	R	G	D	I	C	V	C	E	N	T	R	U	M	J
D	Y	N	A	M	I	C	Z	N	Y	T	F	Y	L	U	W
T	R	A	R	X	B	U	B	V	K	N	V	P	J	P	S

OŚ
CENTRUM
ODKRYCIE
ODLEGŁOŚĆ
DYNAMICZNY
EKSPANSJA
TARCIE
WPŁYW
MAGNETYZM
MECHANIKA
RUCH
ORBITA
FIZYKA
PLANETY
WAGA
CIŚNIENIE
WŁAŚCIWOŚCI
CZAS
UNIWERSALNY
PRĘDKOŚĆ

4 - Adjectifs #1

N	U	A	V	A	F	G	A	Y	G	G	C	C	P	I	P
I	C	R	B	B	Z	O	Q	K	B	H	M	F	D	D	O
E	Z	T	U	S	V	S	I	Ł	T	G	K	J	F	E	W
W	C	Y	D	O	Ł	M	R	W	R	Y	Y	E	C	N	O
I	I	S	N	L	D	A	D	B	S	D	W	P	X	T	L
N	W	T	O	U	C	C	I	E	N	K	I	N	J	Y	I
N	Y	Y	W	T	O	I	C	F	C	E	X	Y	Y	C	E
Y	R	C	O	N	D	G	Ę	P	I	Ę	K	N	Y	Z	G
N	Ł	Z	C	Y	O	I	R	Ż	M	U	B	J	Y	N	Z
J	M	N	Z	N	S	Q	W	O	K	V	E	Y	S	Y	O
O	T	Y	E	T	K	V	J	Q	M	I	D	C	Y	H	T
H	J	T	S	I	O	U	W	N	D	N	E	K	Z	Y	Y
S	K	V	N	B	N	V	X	K	E	S	Y	A	A	X	C
W	F	T	Y	M	A	N	E	U	L	P	H	R	X	D	Z
T	H	H	S	A	Ł	Z	X	M	P	Ł	B	T	M	T	N
W	A	Ż	N	Y	Y	B	K	K	D	M	W	A	K	T	Y

ABSOLUTNY
AKTYWNY
AMBITNY
ARTYSTYCZNY
ATRAKCYJNY
PIĘKNY
EGZOTYCZNY
OGROMNY
HOJNY
UCZCIWY
IDENTYCZNY
WAŻNY
NIEWINNY
MŁODY
POWOLI
CIĘŻKI
CIENKI
NOWOCZESNY
DOSKONAŁY

5 - Instruments de Musique

N	D	E	F	U	S	I	P	N	T	T	J	S	E	C	G
Z	W	X	A	M	K	G	Ł	R	H	N	Ł	G	Q	A	F
V	B	P	G	E	R	B	A	N	J	O	S	M	B	L	G
Ł	E	N	O	E	Z	S	F	P	K	L	A	R	N	E	T
T	Y	W	T	K	Y	T	R	Ą	B	K	A	M	O	Z	A
P	J	H	K	W	P	Z	A	A	W	J	G	U	Z	C	M
H	E	Ł	O	N	C	Ł	H	T	N	Q	Ł	C	U	N	A
V	A	R	V	U	E	V	J	K	Y	Z	J	U	P	O	N
Q	B	R	K	J	Ó	B	O	N	I	N	A	I	P	L	D
I	M	T	M	U	F	I	Ę	U	X	O	R	Ł	P	O	O
H	I	K	P	O	S	B	J	B	D	F	A	P	Ł	I	L
X	R	Ł	V	Ł	N	J	B	C	A	O	T	K	M	W	I
M	A	F	L	E	T	I	A	Q	X	S	I	V	X	D	N
N	M	Q	V	E	Ł	K	J	L	M	K	G	N	O	G	A
T	A	M	B	U	R	Y	N	K	W	A	I	G	M	L	R
N	Q	V	G	Ł	U	J	Q	S	A	S	Ł	T	G	R	Y

BANJO
FAGOT
KLARNET
FLET
GONG
GITARA
HARMONIJKA
HARFA
OBÓJ
MANDOLINA
MARIMBA
PERKUSJA
PIANINO
SAKSOFON
BĘBEN
TAMBURYN
PUZON
TRĄBKA
SKRZYPCE
WIOLONCZELA

6 - Herborististerie

I	H	Q	Q	G	T	T	X	S	J	S	X	L	F	Z	A
S	F	Y	M	B	S	Y	K	Q	R	M	E	A	A	I	R
U	Z	Q	E	E	Y	I	M	K	T	A	I	W	K	E	O
C	P	A	H	D	X	K	D	I	I	K	J	E	P	L	M
Q	U	T	F	Ó	I	U	M	I	A	E	Z	N	I	O	A
R	E	Ę	V	R	E	A	M	H	I	N	L	D	E	N	T
G	K	I	B	G	A	S	E	A	L	S	E	A	T	Y	Y
E	J	M	R	O	S	N	T	U	Y	O	C	K	R	T	C
R	O	Z	M	A	R	Y	N	R	Z	Z	Z	G	U	A	Z
S	K	Ł	A	D	N	I	K	J	A	C	Ć	C	S	W	N
K	O	R	Z	Y	S	T	N	Y	B	G	Ś	O	Z	J	Y
Y	S	I	K	S	O	Ł	W	R	E	P	O	K	K	H	U
K	U	L	I	N	A	R	N	Y	X	D	K	N	A	Y	E
D	M	R	B	C	K	X	G	L	V	Q	A	B	V	E	Ł
M	A	J	E	R	A	N	E	K	K	O	J	U	D	S	P
G	G	G	I	X	C	Q	C	X	M	I	W	R	R	L	L

CZOSNEK
AROMATYCZNY
BAZYLIA
KORZYSTNY
KULINARNY
ESTRAGON
KOPER WŁOSKI
KWIAT
SKŁADNIK
OGRÓD
LAWENDA
MAJERANEK
MIĘTA
PIETRUSZKA
JAKOŚĆ
ROZMARYN
SZAFRAN
SMAK
TYMIANEK
ZIELONY

7 - Véhicules

C	R	T	R	A	T	W	A	P	L	A	O	Ś	Ł	S	D
W	I	O	L	H	Y	T	A	X	I	U	N	M	Ó	K	K
L	G	Ę	W	A	O	P	O	N	Y	T	Ł	I	D	U	L
U	D	S	Ż	E	R	A	Ł	G	R	O	Z	G	Ź	T	X
A	N	A	W	A	R	A	K	G	J	B	A	Ł	P	E	O
K	V	A	V	T	R	D	N	V	L	U	F	O	O	R	M
V	Q	U	C	E	B	Ó	N	G	E	S	N	W	D	M	K
Z	W	B	X	I	S	H	W	Ł	W	X	W	I	W	E	N
A	I	L	E	K	Y	C	P	K	X	E	Z	E	O	T	G
J	M	L	V	A	Q	O	W	I	A	S	T	C	D	R	M
Ł	O	B	Y	R	U	M	O	N	T	T	S	N	N	O	R
Ó	R	I	U	T	S	A	D	G	S	H	I	T	A	D	R
D	P	T	K	L	H	S	S	Ą	T	O	L	O	M	A	S
Ź	Z	Z	U	Q	A	M	J	I	E	A	N	Z	B	I	M
X	H	V	L	M	T	N	C	C	G	Ą	I	C	O	P	V
H	S	H	E	K	C	W	S	O	Ł	P	K	O	K	H	Z

AMBULANS
SAMOLOT
ŁÓDŹ
AUTOBUS
CIĘŻARÓWKA
KARAWANA
PROM
RAKIETA
ŚMIGŁOWIEC
METRO
SILNIK
OPONY
TRATWA
SKUTER
ŁÓDŹ PODWODNA
TAXI
CIĄGNIK
POCIĄG
ROWER
SAMOCHÓD

8 - Camping

L	R	Y	E	O	C	G	G	C	Y	T	O	V	E	S	L
V	E	R	R	G	L	U	X	V	A	V	W	D	E	P	U
S	T	R	H	I	O	T	Ł	Q	N	Ł	A	M	K	R	D
T	Ą	Z	R	E	I	W	Z	N	R	R	D	D	N	Z	C
A	R	N	J	Ń	H	Ł	H	M	K	A	I	S	W	Ę	V
B	Q	J	X	Q	K	M	L	K	B	L	A	N	Ł	T	K
J	K	A	B	I	N	A	D	O	G	Y	Z	R	P	R	A
E	A	A	L	I	N	A	I	M	G	I	U	R	N	N	P
Z	J	R	M	S	K	E	I	N	A	W	O	L	O	P	E
I	A	U	B	A	P	A	M	U	R	T	G	L	F	N	L
O	K	T	H	P	H	Ł	S	B	Ó	A	K	O	E	A	U
R	Y	A	S	M	A	Q	I	Q	G	N	T	C	Y	M	S
O	L	N	W	O	K	S	I	Ę	Ż	Y	C	A	X	I	Z
W	J	A	Q	K	W	V	F	I	U	C	T	A	L	O	L
K	F	L	S	E	C	S	T	M	Q	Q	L	B	Q	T	V
F	P	K	D	H	Z	I	W	F	K	X	A	Ł	U	T	S

ZWIERZĄT
PRZYGODA
KOMPAS
KABINA
KAJAK
MAPA
KAPELUSZ
POLOWANIE
LINA
SPRZĘT
OGIEŃ
LAS
HAMAK
OWAD
JEZIORO
LATARNIA
KSIĘŻYC
GÓRA
NATURA
NAMIOT

9 - Écologie

H	R	F	K	R	G	N	H	U	H	I	F	X	S	Q	M
D	Z	L	L	Q	W	K	B	S	L	T	U	R	I	R	Z
U	F	O	I	K	S	R	O	M	R	K	Y	R	Ó	G	E
P	P	R	M	Y	N	O	Ż	A	W	O	N	W	Ó	R	Z
A	R	A	A	Z	S	U	S	N	Z	D	I	S	R	S	S
H	A	Z	T	R	O	V	T	U	G	M	L	I	Ó	P	U
Z	P	D	E	H	G	O	Q	A	A	I	Ś	E	Ż	O	I
N	A	I	H	T	X	E	Z	F	T	A	O	D	N	Ł	R
P	A	S	X	U	R	X	Ł	N	U	N	R	L	O	E	A
Y	Z	T	N	O	T	W	Ł	H	N	A	E	I	R	C	T
N	X	M	U	B	M	K	A	A	E	R	U	S	O	Z	N
S	X	I	F	R	A	W	X	N	K	Y	Z	K	D	N	O
T	V	E	Y	G	A	G	F	E	I	T	A	O	N	O	L
Z	A	S	O	B	Y	U	N	Q	V	E	L	U	O	Ś	O
Ć	Ś	O	N	N	I	L	Ś	O	R	L	K	C	Ś	C	W
R	Q	A	N	A	T	U	R	A	L	N	Y	M	Ć	I	R

WOLONTARIUSZE
KLIMAT
SPOŁECZNOŚCI
RÓŻNORODNOŚĆ
ZRÓWNOWAŻONY
GATUNEK
FAUNA
FLORA
SIEDLISKO
BAGNO
MORSKI
GÓRY
NATURA
NATURALNY
ROŚLINY
ZASOBY
SUSZA
PRZETRWANIE
ODMIANA
ROŚLINNOŚĆ

10 - Géométrie

Y	G	Z	S	R	R	R	Q	M	U	F	M	Q	G	Z	P
E	K	Y	U	M	V	Ó	Ń	E	Z	C	I	L	B	O	R
L	C	X	L	T	P	W	O	D	M	T	L	P	Z	V	O
P	Ł	Z	Z	Ą	C	N	C	I	T	A	S	A	O	I	P
N	O	Ł	O	K	Z	A	I	A	E	R	S	X	I	J	O
A	K	W	N	K	Ł	N	T	N	H	P	Ó	A	J	U	R
B	A	B	I	N	O	I	T	A	O	X	Ś	J	K	G	C
Y	Ć	J	L	E	N	E	F	M	R	K	R	H	K	L	J
M	Ś	W	Ł	J	R	E	M	U	N	R	E	J	S	Ą	A
L	O	G	I	K	A	Z	R	F	E	Z	D	O	Y	V	T
E	K	Q	F	N	R	K	C	K	K	Y	N	T	M	M	F
J	O	W	Y	M	I	A	R	H	W	W	I	E	E	H	O
U	S	J	N	N	W	O	Q	B	N	A	C	O	T	R	P
M	Y	U	B	J	J	T	Q	J	E	I	A	R	R	K	S
P	W	P	I	O	N	O	W	Y	W	P	A	I	I	K	Q
R	Ó	W	N	O	L	E	G	Ł	Y	R	Z	A	A	Ł	X

KĄT
OBLICZEŃ
KOŁO
KRZYWA
ŚREDNICA
WYMIAR
RÓWNANIE
WYSOKOŚĆ
LOGIKA
MASA
MEDIANA
NUMER
RÓWNOLEGŁY
PROPORCJA
CZŁON
POWIERZCHNIA
SYMETRIA
TEORIA
TRÓJKĄT
PIONOWY

11 - Les Médias

Z	P	U	D	Ł	E	P	G	A	Z	E	T	Y	E	M	P
D	A	O	V	T	E	D	R	F	F	S	I	E	Ć	E	U
J	J	I	S	S	I	Y	U	Z	F	J	H	Q	W	X	B
Ę	C	D	Y	T	N	B	B	K	E	N	I	L	N	O	L
C	A	A	N	C	A	H	I	R	A	M	R	Z	H	I	I
I	K	R	L	D	D	W	J	V	C	C	Y	R	G	N	C
A	I	A	A	F	Y	G	Y	B	C	Ł	J	S	V	D	Z
F	N	R	U	E	W	T	U	H	T	Y	F	A	Ł	Y	N
X	U	H	T	F	M	I	O	P	I	N	I	A	Z	W	Y
U	M	V	K	X	W	F	E	L	S	L	V	J	J	I	W
K	O	M	E	R	C	Y	J	N	E	A	Z	N	B	D	O
Z	K	E	L	O	B	R	A	Z	Y	K	L	A	H	U	R
B	Q	V	E	G	G	U	U	G	X	O	Y	T	K	A	F
I	Z	A	T	I	P	M	E	F	R	L	Z	Y	F	L	Y
U	N	S	N	C	U	Y	R	Q	U	T	T	B	T	N	C
A	J	Z	I	W	E	L	E	T	M	A	U	R	C	E	J

POSTAWY
KOMERCYJNE
KOMUNIKACJA
ONLINE
WYDANIE
EDUKACJA
FAKTY
OBRAZY
INDYWIDUALNE
PRZEMYSŁ
INTELEKTUALNY
GAZETY
LOKALNY
CYFROWY
OPINIA
ZDJĘCIA
PUBLICZNY
RADIO
SIEĆ
TELEWIZJA

12 - Philanthropie

H	P	P	S	L	U	D	Z	I	E	G	R	U	P	Y	Z
H	U	O	M	P	F	U	N	D	U	S	Z	E	S	K	M
I	B	T	Ć	Ś	O	N	J	O	H	X	U	O	J	D	Q
S	L	R	U	V	A	Ł	M	I	I	I	Y	Q	Z	O	Z
T	I	Z	N	U	M	Z	E	H	X	Q	M	K	R	B	W
O	C	E	F	C	Ć	R	K	C	W	B	A	O	H	R	Y
R	Z	B	I	Z	Ś	Z	C	N	Z	G	R	X	P	O	Z
I	N	A	N	C	O	W	S	K	Z	N	G	R	R	C	W
A	Y	V	A	I	K	Y	W	U	P	I	O	R	O	Z	A
R	Y	E	N	W	Z	H	M	C	T	L	R	Ś	B	Y	N
R	N	D	S	O	D	B	E	E	M	T	P	F	Ć	N	I
W	V	T	E	Ś	U	Z	P	Y	Z	I	V	O	M	N	A
Q	W	J	U	Ć	L	Q	I	S	L	D	S	N	M	O	Ł
Ł	Ą	C	Z	N	O	Ś	Ć	E	L	E	C	J	G	Ś	I
M	Ł	O	D	Z	I	E	Ż	P	C	H	P	F	A	Ć	H
Ś	W	I	A	T	O	W	Y	F	R	I	F	W	E	Z	X

POTRZEBA
CELE
DOBROCZYNNOŚĆ
SPOŁECZNOŚĆ
ŁĄCZNOŚĆ
WYZWANIA
DZIECI
FINANSE
FUNDUSZE
LUDZIE
HOJNOŚĆ
ŚWIATOWY
GRUPY
HISTORIA
UCZCIWOŚĆ
LUDZKOŚĆ
MŁODZIEŻ
MISJA
PROGRAMY
PUBLICZNY

13 - Diplomatie

W	J	R	D	I	Ć	Ś	O	W	I	C	Z	C	U	E	P
W	H	Z	T	Y	K	H	W	B	A	Z	Q	H	F	T	O
H	C	Ą	J	E	P	Z	S	N	Y	Y	W	U	R	Y	L
U	Z	D	I	K	S	L	E	T	A	W	Y	B	O	K	I
M	A	C	V	L	D	R	O	D	A	S	A	B	M	A	T
A	J	S	U	K	S	Y	D	M	Ł	U	I	T	D	N	Y
N	C	T	R	A	K	T	A	T	A	Y	I	O	E	A	K
I	W	A	C	D	A	R	O	D	D	T	M	Q	K	L	A
T	H	Ł	R	X	J	Y	Y	X	A	K	Y	P	N	O	E
A	P	O	D	P	I	R	S	Y	S	I	I	C	K	S	W
R	V	O	H	U	Ł	S	H	U	A	L	I	X	Z	X	F
N	U	E	X	M	I	Ó	N	F	B	F	O	O	T	N	X
Y	G	Y	U	L	T	S	P	Y	M	N	G	R	Z	E	Y
K	A	M	P	A	N	I	E	S	A	O	W	F	J	Ł	I
R	E	Z	O	L	U	C	J	A	W	K	I	Q	Ł	K	K
R	O	Z	W	I	Ą	Z	A	N	I	E	E	S	R	Y	A

AMBASADA
AMBASADOR
KAMPANIE
OBYWATELE
OBYWATELSKI
KONFLIKT
DORADCA
WSPÓŁPRACA
DYPLOMATYCZNY
DYSKUSJA
ETYKA
RZĄD
HUMANITARNY
UCZCIWOŚĆ
POLITYKA
REZOLUCJA
ROZWIĄZANIE
TRAKTAT

14 - Électricité

A	J	Z	I	W	E	L	E	T	L	N	A	X	U	R	O
Q	V	J	B	A	E	Z	F	E	O	A	G	K	Z	X	W
Ć	F	F	P	L	U	S	T	L	I	B	S	J	J	C	N
E	L	E	K	T	R	Y	K	E	L	W	I	E	W	Z	N
I	K	Y	M	A	G	D	G	F	O	A	S	E	R	V	P
S	E	N	G	A	M	O	B	O	Ś	Y	R	Ł	K	E	S
T	F	Z	O	S	M	W	H	N	Ć	C	K	B	P	T	T
Ż	O	C	I	N	O	E	W	N	X	T	M	M	B	Ę	Y
N	A	Y	T	O	D	Z	A	I	N	G	E	I	K	Z	B
I	P	R	R	Q	Ł	R	K	G	C	O	J	N	M	R	E
Z	M	T	Ó	Y	G	P	F	Z	M	D	F	U	J	P	C
B	A	K	A	W	Z	G	T	S	V	F	E	S	N	S	Q
O	L	E	B	A	K	G	E	N	E	R	A	T	O	R	W
B	X	L	M	S	A	A	I	R	E	T	A	B	Ł	H	F
E	J	E	O	Ł	N	A	R	W	J	S	C	P	N	E	M
S	K	Ł	A	D	O	W	A	N	I	E	F	Y	B	J	C

MAGNES
ŻARÓWKA
BATERIA
KABEL
ELEKTRYK
ELEKTRYCZNY
SPRZĘT
PRZEWODY
GENERATOR
LAMPA
LASER
MINUS
OBIEKTY
PLUS
GNIAZDO
ILOŚĆ
SIEĆ
SKŁADOWANIE
TELEFON
TELEWIZJA

15 - Astronomie

A	Z	S	U	P	E	R	N	O	W	A	O	Z	K	Y	A
J	T	A	R	A	K	I	E	T	A	K	C	I	O	F	S
C	C	C	Ć	K	S	I	Ę	Ż	Y	C	W	E	S	P	T
A	V	I	Y	M	W	O	J	D	P	U	N	M	M	S	E
L	B	W	K	Z	I	B	O	R	I	L	C	I	O	K	R
E	G	A	L	R	O	E	T	E	M	U	A	A	S	V	O
T	H	Ł	O	H	L	I	N	W	F	Q	A	N	J	B	I
S	V	G	E	O	B	N	C	I	B	H	S	M	E	B	D
N	Ł	M	W	R	B	Q	Q	V	E	I	T	L	U	T	A
O	S	O	S	A	T	E	L	I	T	A	R	A	V	D	A
K	W	N	N	B	Y	W	Y	C	O	N	O	N	W	Ó	R
J	G	O	L	E	Ł	J	E	J	B	X	N	U	R	D	M
B	X	R	U	S	C	N	N	J	M	F	A	A	G	I	K
U	B	T	X	B	R	Z	D	J	D	Q	U	Q	C	G	Y
M	Z	S	Ł	D	K	W	N	U	L	M	T	Z	O	I	C
G	H	A	K	Z	E	A	K	Y	T	K	A	L	A	G	U

ASTEROIDA
ASTRONAUTA
ASTRONOM
NIEBO
KONSTELACJA
KOSMOS
ZAĆMIENIE
RÓWNONOC
RAKIETA
GALAKTYKA
KSIĘŻYC
METEOR
MGŁAWICA
PLANETA
SATELITA
SŁONECZNY
SUPERNOWA
ZIEMIA

16 - Physique

E	C	T	F	X	A	M	A	G	N	E	T	Y	Z	M	C
G	L	H	Z	Ć	T	O	C	E	Q	Ł	U	Q	Z	J	Z
W	B	E	A	Ś	O	E	X	D	M	K	S	N	Ł	G	Ą
C	R	F	K	O	M	V	F	O	R	A	X	K	N	W	S
O	D	V	X	T	S	R	B	I	Q	P	S	M	B	Z	T
Y	X	C	G	S	R	B	W	G	R	D	N	A	R	G	E
N	M	W	G	Ę	V	O	C	Z	Ą	S	T	K	A	L	C
Z	R	P	C	G	C	T	N	T	H	S	F	T	K	Ę	Z
C	U	N	I	W	E	R	S	A	L	N	Y	T	I	D	K
I	P	R	Ę	D	K	O	Ś	Ć	G	B	M	M	N	N	A
M	O	L	W	F	H	B	R	D	A	M	O	Ł	A	O	F
E	K	S	P	A	N	S	J	A	Z	D	X	I	H	Ś	B
H	G	R	A	W	I	T	A	C	J	A	J	M	C	Ć	R
C	F	O	R	M	U	Ł	A	V	D	K	T	P	E	H	H
C	Z	Ę	S	T	O	T	L	I	W	O	Ś	Ć	M	X	E
J	Ą	D	R	O	W	Y	Y	F	I	S	I	L	N	I	K

ATOM
CHAOS
CHEMICZNY
GĘSTOŚĆ
EKSPANSJA
ELEKTRON
FORMUŁA
CZĘSTOTLIWOŚĆ
GAZ
GRAWITACJA
MAGNETYZM
MASA
MECHANIKA
CZĄSTECZKA
SILNIK
JĄDROWY
CZĄSTKA
WZGLĘDNOŚĆ
UNIWERSALNY
PRĘDKOŚĆ

17 - Types de Cheveux

A	G	N	Ł	U	J	N	H	U	P	Q	K	A	Y	P	M
S	Y	S	U	Ł	T	Z	B	P	H	Z	G	E	N	V	D
W	R	Z	P	I	N	C	T	V	A	I	K	N	E	I	C
F	K	E	B	L	O	N	D	B	R	Ą	Z	O	W	Y	Y
O	A	K	B	G	C	S	P	D	W	E	Y	C	K	W	J
O	C	L	N	R	I	Z	O	Z	B	H	N	Ę	O	O	M
B	P	V	I	H	O	A	Ł	Y	S	Y	O	R	L	R	U
Y	U	F	K	S	Q	R	D	P	Q	U	I	K	O	D	Y
B	G	G	O	G	T	Y	N	R	A	Z	C	K	R	Z	U
U	I	O	L	X	E	Y	H	C	U	S	E	D	O	F	Q
R	K	A	I	B	Ł	H	K	H	Ł	U	L	F	W	T	M
G	K	J	Ł	Y	C	S	Y	W	R	D	P	L	E	P	I
T	Ę	Z	H	Y	C	Ą	Z	C	Z	S	Y	Ł	B	T	V
K	I	K	T	Ó	R	K	D	Ł	U	G	I	E	P	J	D
B	M	S	I	B	D	T	Z	S	L	O	A	X	Z	Z	S
H	F	Ł	S	K	F	D	T	G	D	I	I	V	Y	H	F

SREBRO
BIAŁY
BLOND
LOKI
BŁYSZCZĄCY
ŁYSY
KOLOROWE
KRÓTKI
MIĘKKI
GRUBY
KRĘCONE
SZARY
DŁUGIE
BRĄZOWY
CIENKI
CZARNY
FALISTY
ZDROWY
SUCHY
PLECIONY

18 - Archéologie

Z	A	G	A	D	K	A	C	K	X	B	I	D	O	U	O
I	W	W	X	R	F	E	K	W	G	C	W	L	X	H	B
D	Ł	I	H	M	L	X	M	O	I	L	P	V	E	V	I
D	F	Y	L	X	X	B	R	O	S	E	F	O	R	P	E
X	E	K	S	P	E	R	T	Y	T	J	M	S	O	H	K
K	G	F	R	R	E	L	I	K	T	O	V	Y	K	U	T
Z	A	P	O	M	N	I	A	N	Y	T	P	K	T	Z	Y
G	A	R	N	C	A	R	S	T	W	O	H	F	S	Ł	P
N	S	K	A	M	I	E	N	I	A	Ł	O	Ś	Ć	Ó	R
I	S	K	C	K	T	T	H	G	N	V	Z	Z	I	P	C
E	N	O	P	F	X	Ł	V	W	M	J	V	C	W	S	O
Z	Y	Ś	O	Ś	W	I	Ą	T	Y	N	I	A	R	E	C
N	N	C	G	R	O	B	O	W	I	E	C	D	M	Z	E
A	Z	I	L	A	N	A	S	J	A	Q	E	A	N	E	N
N	A	N	T	Y	K	H	Z	X	Ł	Y	W	B	M	K	A
Y	V	W	L	O	C	Y	W	I	L	I	Z	A	C	J	A

ANALIZA
ANTYK
BADACZ
CYWILIZACJA
POTOMEK
EKSPERT
ERA
ZESPÓŁ
OCENA
SKAMIENIAŁOŚĆ
NIEZNANY
ZAGADKA
OBIEKTY
KOŚCI
ZAPOMNIANY
GARNCARSTWO
PROFESOR
RELIKT
ŚWIĄTYNIA
GROBOWIEC

19 - Mammifères

Ż	Y	R	A	F	A	R	B	E	Z	U	L	P	J	D	N
U	F	E	S	J	Z	Y	R	N	W	Z	A	V	R	W	I
V	X	C	S	N	Ł	A	P	T	D	J	G	Ł	Ł	K	E
X	N	G	L	Ł	G	J	D	I	H	G	O	V	M	O	D
J	P	U	K	E	O	Z	L	W	E	E	G	T	H	J	Ź
K	M	A	Ł	P	A	Ń	Y	L	Y	S	I	L	J	O	W
O	A	H	C	W	A	O	B	Q	U	Y	K	U	B	T	I
T	P	S	N	E	I	K	X	B	Ł	R	Y	V	Y	W	E
O	W	C	E	L	A	L	M	R	U	G	N	A	K	I	D
D	E	L	F	I	N	U	K	M	O	Y	Y	H	I	E	Ź
N	R	H	G	T	W	G	C	O	L	T	A	Y	L	L	W
H	J	W	X	W	P	O	R	Q	G	V	Y	W	Ó	O	O
Q	F	S	H	Q	C	R	F	A	Y	Q	Ł	A	R	R	O
B	A	X	O	Z	F	Y	Z	C	J	I	G	G	K	Y	I
X	B	H	E	N	J	L	Ł	L	Y	H	X	G	O	B	W
F	R	A	V	G	H	M	B	P	X	Ł	Q	J	T	H	D

WIELORYB
KOT
KOŃ
PIES
KOJOT
DELFIN
SŁOŃ
ŻYRAFA
GORYL
KANGUR
KRÓLIK
LEW
WILK
OWCE
NIEDŹWIEDŹ
LIS
MAŁPA
BYK
TYGRYS
ZEBRA

20 - Mathématiques

M	T	R	B	U	B	K	L	M	U	B	T	P	L	O	Ś
U	Y	Q	T	E	U	N	A	J	C	K	A	R	F	B	R
G	X	S	B	F	J	Z	S	P	I	P	R	O	S	W	E
P	R	O	S	T	O	P	A	D	Ł	Y	D	M	U	Ó	D
I	Y	P	I	K	S	I	P	Ł	P	O	A	I	M	D	N
K	M	M	Q	P	Ą	Y	Y	D	P	X	W	E	A	D	I
B	P	I	X	J	P	T	M	H	J	B	K	Ń	I	P	C
T	R	Ó	J	K	Ą	T	Y	E	J	B	A	J	R	R	A
O	B	J	Ę	T	O	Ś	Ć	A	T	V	W	E	T	O	D
D	Z	I	E	S	I	Ę	T	N	Y	R	H	I	E	S	W
A	R	Y	T	M	E	T	Y	K	A	S	I	N	M	T	C
G	W	Y	K	Ł	A	D	N	I	K	X	G	A	O	O	Q
W	I	E	L	O	K	Ą	T	Z	R	W	K	N	E	K	A
R	Ó	W	N	O	L	E	G	Ł	Y	F	T	W	G	Ą	W
P	K	O	B	O	Ł	G	E	L	O	N	W	Ó	R	T	M
D	D	B	R	Y	O	S	P	R	R	L	C	R	O	X	U

KĄTY
ARYTMETYKA
KWADRAT
OBWÓD
DZIESIĘTNY
ŚREDNICA
WYKŁADNIK
RÓWNANIE
FRAKCJA
GEOMETRIA
RÓWNOLEGŁY
RÓWNOLEGŁOBOK
PROSTOPADŁY
WIELOKĄT
PROMIEŃ
PROSTOKĄT
SUMA
SYMETRIA
TRÓJKĄT
OBJĘTOŚĆ

21 - Sport

W	Y	T	R	Z	Y	M	A	Ł	O	Ś	Ć	J	Y	W	S
J	A	J	H	Z	W	M	T	L	E	G	G	G	L	H	I
K	Y	G	G	E	K	F	E	C	T	A	N	I	E	C	Ł
T	O	W	K	J	Q	O	L	I	M	T	I	Y	C	B	A
F	D	Ś	B	I	L	B	T	A	E	E	G	R	S	V	N
B	J	Q	C	O	A	U	A	Ł	T	I	G	A	O	Q	K
T	D	Z	M	I	C	I	P	O	A	D	O	N	D	Z	K
Z	D	O	L	N	O	Ś	Ć	V	B	L	J	S	Ż	I	E
Z	D	R	O	W	I	E	H	E	O	Ć	A	W	Y	Ł	P
G	Ć	A	I	M	Y	Z	R	B	L	O	Y	W	W	S	N
T	R	E	N	E	R	N	B	N	I	I	C	N	I	P	W
K	O	L	A	R	S	T	W	O	C	G	Q	K	A	O	C
S	B	M	I	Ę	Ś	N	I	E	Z	D	V	Z	N	R	Y
H	P	R	O	G	R	A	M	W	N	L	V	H	I	T	C
C	O	V	D	A	U	R	G	U	E	O	Q	W	E	Y	S
M	Q	S	A	J	W	C	Q	S	B	N	L	T	Z	Y	D

ATLETA
ZDOLNOŚĆ
CIAŁO
KOLARSTWO
TANIEC
DIETA
WYTRZYMAŁOŚĆ
TRENER
SIŁA
JOGGING
WYOLBRZYMIAĆ
METABOLICZNE
MIĘŚNIE
PŁYWAĆ
ODŻYWIANIE
CEL
KOŚCI
PROGRAM
ZDROWIE
SPORTY

22 - Mythologie

Q	P	H	B	Y	Z	M	M	W	H	X	Ł	S	K	H	C
M	K	W	V	A	K	G	T	K	K	E	W	T	R	F	H
T	A	D	N	E	G	E	L	N	V	M	J	W	E	N	O
B	R	G	W	I	E	R	Z	E	N	I	A	O	A	B	C
P	U	S	I	A	F	F	J	L	Ł	B	Ł	R	C	O	Ł
Y	T	R	D	C	Q	R	B	T	T	Z	I	Z	J	H	T
T	L	I	G	Z	Z	F	O	G	U	Ł	S	E	A	A	Y
N	U	R	O	I	P	N	M	Z	R	X	R	N	U	T	F
Y	K	N	P	D	C	T	Y	B	I	Z	Ł	I	T	E	C
R	I	B	A	R	C	H	E	T	Y	P	M	E	A	R	O
I	N	O	Z	A	Z	D	R	O	Ś	Ć	S	O	K	K	P
B	W	H	W	O	T	A	F	O	R	T	S	A	T	A	K
A	O	A	T	S	M	E	Z	N	I	M	V	C	K	S	I
L	J	T	Ś	M	I	E	R	T	E	L	N	Y	B	R	H
W	O	E	I	N	A	W	O	H	C	A	Z	N	Ł	U	L
Y	W	R	Ó	W	T	O	P	I	B	A	D	K	R	X	F

ARCHETYP
KATASTROFA
ZACHOWANIE
KREACJA
STWORZENIE
WIERZENIA
KULTURA
PIORUN
SIŁA
WOJOWNIK
BOHATERKA
BOHATER
ZAZDROŚĆ
LABIRYNT
LEGENDA
MAGICZNY
POTWÓR
ŚMIERTELNY
GRZMOT
ZEMSTA

23 - Restaurant #2

A	N	C	I	A	S	T	O	S	J	Ł	R	P	F	J	I
R	A	O	M	H	W	Ł	H	Ó	A	K	T	A	Ł	A	S
F	P	W	O	A	B	Y	R	L	J	O	F	Z	L	M	A
W	Ó	O	B	D	K	Z	Z	E	A	P	U	Z	Ó	S	O
P	J	I	I	O	C	A	A	R	C	E	L	E	D	I	W
Ł	Y	I	A	W	G	K	R	G	A	K	E	L	N	E	R
W	W	S	D	N	R	R	P	O	Z	W	M	C	D	L	J
X	A	M	Z	D	V	Z	J	B	N	T	H	R	R	V	B
O	R	C	V	N	H	E	J	I	D	O	W	H	W	I	Ł
Q	P	O	P	L	Y	S	G	R	M	X	U	A	V	R	O
N	Y	H	C	E	R	Ł	Q	G	X	V	D	G	N	R	P
V	Z	Q	N	A	B	O	X	F	X	G	L	T	I	V	T
H	R	P	R	Z	Y	S	T	A	W	K	A	K	Ż	Y	Ł
C	P	E	V	O	S	F	N	H	K	N	B	T	L	X	N
X	X	X	A	P	D	R	D	N	S	G	K	K	O	U	G
Q	J	Ł	G	W	G	V	X	S	B	A	Q	J	D	K	W

PRZYSTAWKA
NAPÓJ
KRZESŁO
ŁYŻKA
PYSZNY
OBIAD
WODA
PRZYPRAWY
WIDELEC
OWOC
CIASTO
LÓD
WARZYWA
MAKARON
JAJA
RYBA
SAŁATKA
SÓL
KELNER
ZUPA

24 - Beauté

P	V	Q	N	Ł	X	D	A	N	S	L	E	G	A	R	X
N	N	L	L	U	S	T	R	O	T	P	D	A	X	T	M
S	Z	M	I	N	K	A	J	D	Y	B	U	H	K	C	G
E	N	B	W	Ł	X	H	K	S	L	K	A	E	A	O	N
N	L	J	W	C	T	C	X	Q	I	M	J	Ł	Ł	H	J
O	G	E	I	K	D	A	Ł	G	S	E	C	R	M	Ł	L
Ż	N	K	G	X	Y	P	J	L	T	P	N	J	H	K	X
Y	T	A	U	A	W	A	D	W	A	M	A	R	C	N	C
C	A	F	Ł	Y	N	Z	C	I	N	E	G	O	T	O	F
Z	Q	Q	S	E	O	C	K	P	O	F	E	L	Ł	H	M
K	X	P	U	I	P	A	K	H	E	L	L	O	R	V	P
I	K	O	L	Z	M	B	Ł	I	T	G	E	K	O	R	U
S	K	Ó	R	A	A	Ł	A	S	K	A	S	J	Z	Ł	J
F	V	D	S	Ę	Z	R	O	D	Z	S	U	T	E	A	W
I	P	P	K	O	S	M	E	T	Y	K	I	D	K	S	U
T	Y	V	Q	M	A	K	I	J	A	Ż	V	L	D	R	N

LOKI
UROK
NOŻYCZKI
KOSMETYKI
KOLOR
ELEGANCJA
ELEGANCKI
ŁASKA
OLEJE
GŁADKI
MAKIJAŻ
TUSZ DO RZĘS
LUSTRO
ZAPACH
SKÓRA
FOTOGENICZNY
SZMINKA
USŁUGI
SZAMPON
STYLISTA

25 - Avions

Ś	F	D	T	K	E	I	N	A	W	O	D	Ą	L	V	P
N	M	K	X	F	K	K	A	D	O	G	Y	Z	R	P	A
Z	M	I	B	Q	E	I	D	I	S	H	L	B	S	H	L
V	G	N	G	N	G	E	M	R	R	N	B	N	E	Q	I
A	S	L	M	Ł	J	R	U	I	T	O	L	I	P	T	W
Z	O	I	P	U	A	U	C	R	B	T	T	A	X	S	O
I	Ł	S	H	B	Ł	N	H	N	N	S	F	S	M	H	Z
A	U	U	R	B	C	E	A	G	O	Ł	A	Z	I	P	E
P	X	H	E	D	W	K	Ć	N	I	E	B	O	O	H	J
X	A	U	X	K	O	A	T	M	O	S	F	E	R	A	Ś
F	W	S	N	O	D	B	A	L	O	N	F	A	R	X	C
A	O	R	A	P	Ó	T	U	J	K	H	Z	Y	F	X	I
C	D	W	N	Ż	R	W	Y	S	O	K	O	Ś	Ć	H	E
N	U	L	Ł	Ł	E	Z	R	T	E	I	W	O	P	N	Z
Q	B	J	V	L	X	R	P	K	R	S	Y	T	F	T	V
T	U	R	B	U	L	E	N	C	J	A	O	J	Y	Z	G

POWIETRZE
ATMOSFERA
LĄDOWANIE
PRZYGODA
BALON
PALIWO
NIEBO
BUDOWA
ZEJŚCIE
KIERUNEK
ZAŁOGA
NADMUCHAĆ
WYSOKOŚĆ
ŚMIGŁA
HISTORIA
WODÓR
SILNIK
PASAŻER
PILOT
TURBULENCJA

26 - Ville

K	W	I	A	C	I	A	R	Z	U	I	R	D	B	R	S
M	U	Z	E	U	M	W	L	S	N	T	Y	Q	I	E	U
C	Y	U	A	G	W	B	D	A	I	E	N	Z	B	S	P
D	L	J	Z	W	W	N	Q	B	W	G	E	V	L	T	E
Ł	G	M	M	G	L	H	R	L	E	A	K	S	I	A	R
A	I	N	R	A	K	E	I	P	R	L	V	T	O	U	M
I	P	D	T	V	X	K	Y	M	S	E	C	A	T	R	A
H	G	T	A	F	S	L	W	G	Y	R	H	D	E	A	R
I	O	C	E	C	Y	I	D	M	T	I	D	I	K	C	K
V	K	T	T	K	Y	N	J	Q	E	A	K	O	A	J	E
L	S	E	E	B	A	I	V	G	T	Q	Ł	N	C	A	T
K	I	N	O	L	X	K	M	X	V	L	Q	O	O	Z	E
N	N	N	A	H	Z	A	Ł	E	B	W	O	Q	K	V	R
A	T	K	S	I	Ę	G	A	R	N	I	A	U	A	Z	L
B	O	D	P	A	Z	T	G	D	H	G	M	W	Ł	R	S
P	L	Ł	C	K	U	W	Ł	J	Ł	T	Y	S	T	R	I

LOTNISKO
BANK
BIBLIOTEKA
PIEKARNIA
KINO
KLINIKA
SZKOŁA
KWIACIARZ
GALERIA
HOTEL

KSIĘGARNIA
RYNEK
MUZEUM
APTEKA
RESTAURACJA
STADION
SUPERMARKET
TEATR
UNIWERSYTET
ZOO

27 - Ingénierie

X	D	Ę	P	A	N	Q	L	Ń	M	I	O	H	S	R	G
G	Y	P	D	S	B	G	E	E	A	Z	Ś	O	T	Z	I
O	S	O	Ź	T	M	Ł	F	Z	S	C	B	S	A	P	G
B	T	M	W	R	Q	Ę	L	C	Z	E	S	Y	B	Ś	S
R	R	I	I	U	Z	B	B	I	Y	I	I	H	I	R	I
Ó	Y	A	G	K	Y	O	Ł	L	N	C	X	D	L	E	Ł
T	B	R	N	T	A	K	Ł	B	A	X	M	C	N	D	A
X	U	X	I	U	Z	O	I	O	V	N	R	C	O	N	C
Q	C	P	E	R	E	Ś	V	N	B	K	Ą	T	Ś	I	J
Y	J	C	U	A	E	Ć	H	X	L	U	N	Y	Ć	C	T
O	A	D	I	A	G	R	A	M	F	I	D	E	V	A	F
E	N	E	R	G	I	A	O	R	T	Ł	S	O	E	W	T
P	Q	W	S	Ł	Q	M	Y	Y	O	B	U	Q	W	V	Y
Ł	U	E	D	Ł	F	K	Y	N	T	O	B	N	V	A	O
N	D	K	O	O	T	A	H	W	D	F	V	X	V	A	T
Z	F	T	E	F	F	E	G	U	I	L	M	X	Q	L	A

KĄT
OŚ
OBLICZEŃ
BUDOWA
DIAGRAM
ŚREDNICA
DIESEL
DYSTRYBUCJA
ENERGIA
SIŁA
DŹWIGNIE
CIECZ
MASZYNA
POMIAR
SILNIK
GŁĘBOKOŚĆ
NAPĘD
OBRÓT
STABILNOŚĆ
STRUKTURA

28 - Énergie

U	E	T	M	G	E	H	X	L	B	M	O	J	J	W	E
I	H	V	N	T	R	Q	Ł	M	W	X	T	X	E	Ę	L
P	T	E	P	L	T	A	E	Y	T	O	D	Y	Y	G	E
E	L	E	K	T	R	Y	C	Z	N	Y	D	U	W	I	K
D	S	O	R	H	H	Ł	E	S	T	V	Z	Ó	O	E	T
S	D	Ł	N	B	U	X	S	V	W	H	R	D	R	L	R
E	I	P	O	K	S	I	W	O	D	O	R	Ś	D	K	O
P	E	E	W	Ń	J	K	Ł	D	Y	B	C	P	Ą	L	N
R	S	I	I	V	C	R	J	N	O	T	O	F	J	C	E
Z	E	C	L	E	S	E	H	A	I	P	O	R	T	N	E
E	L	N	A	E	B	W	G	W	T	U	R	B	I	N	A
M	S	U	P	Ł	G	I	K	I	N	L	I	S	F	L	H
Y	W	O	R	A	P	A	B	A	X	N	A	U	W	L	X
S	C	D	Y	F	A	T	R	L	F	T	B	J	O	S	L
Ł	M	J	R	L	O	R	Q	N	U	I	A	Y	F	R	B
B	O	B	A	N	Y	Z	N	E	B	A	T	E	R	I	A

BATERIA
WĘGIEL
PALIWO
CIEPŁO
DIESEL
ENTROPIA
ŚRODOWISKO
BENZYNA
ELEKTRYCZNY
ELEKTRON
WODÓR
PRZEMYSŁ
SILNIK
JĄDROWY
FOTON
ODNAWIALNE
SŁOŃCE
TURBINA
PAROWY
WIATR

29 - Cuisine

I	R	O	H	D	Q	C	H	W	S	H	G	C	P	L	H
N	A	B	B	O	T	V	Q	J	I	C	M	F	A	O	G
H	D	H	D	Y	F	H	H	Z	P	U	D	E	Ł	D	Ą
R	Y	S	M	R	S	E	R	W	E	T	K	A	E	Ó	B
N	O	Ż	E	T	N	P	P	V	Z	R	I	K	C	W	K
P	R	Z	Y	P	R	A	W	Y	R	A	N	S	Z	K	A
F	U	C	G	D	K	C	Ż	B	P	F	J	I	K	A	K
Z	Z	K	H	R	N	G	Y	Y	B	C	A	M	I	U	U
N	J	F	X	O	I	J	W	G	W	U	Z	Q	K	S	B
D	A	Q	I	E	C	L	W	G	V	N	C	J	Ż	X	K
N	U	Y	Ł	A	B	H	L	B	U	H	O	J	Y	F	I
X	Z	S	Ł	O	I	K	L	T	K	B	P	Ś	Ł	G	S
W	I	D	E	L	C	E	E	A	M	D	A	B	Ć	G	S
Ł	V	X	S	P	I	E	K	A	R	N	I	K	D	B	F
D	Z	B	A	N	E	K	R	R	G	L	W	H	A	Q	Y
Z	A	M	R	A	Ż	A	R	K	A	V	D	B	Z	I	O

PAŁECZKI
MISKA
CZAJNIK
ZAMRAŻARKA
NOŻE
DZBANEK
ŁYŻKI
PRZYPRAWY
GĄBKA
PIEKARNIK

WIDELCE
GRILL
CHOCHLA
ŻYWNOŚĆ
SŁOIK
PRZEPIS
LODÓWKA
SERWETKA
FARTUCH
KUBKI

30 - Corps Humain

O	D	L	P	O	X	P	Ł	W	S	A	O	A	M	K	H
P	H	O	S	T	Ł	B	W	O	P	D	W	F	G	O	T
A	U	Ł	F	P	U	Ł	E	A	Ł	A	U	R	R	L	S
L	I	D	P	O	D	B	R	Ó	D	E	K	Y	C	A	K
E	R	S	Z	C	Z	Ę	K	A	J	C	E	T	Y	N	Ó
C	R	A	J	Y	Z	S	O	N	P	R	D	T	S	O	R
Ł	K	K	M	Ł	Q	A	X	C	M	E	Ą	D	T	O	A
Ł	U	Ę	G	I	O	C	F	M	G	S	Ł	B	B	H	K
R	V	R	N	W	Ę	K	D	U	D	R	O	Ł	D	C	Y
U	R	E	I	M	F	P	I	P	N	B	Ż	G	N	U	Z
H	I	S	T	U	I	S	L	E	O	T	D	A	V	D	Ę
G	Ł	O	W	A	G	E	C	O	Ć	W	Ł	I	P	E	J
E	O	Z	H	W	Z	Y	M	V	N	A	V	N	O	Ł	A
I	P	V	X	X	X	U	B	P	M	R	I	U	S	T	A
X	G	Q	A	Z	W	D	Q	P	F	Z	C	H	I	Z	Q
H	K	H	A	B	U	O	L	M	Ó	Z	G	P	J	L	Ł

USTA
MÓZG
KOSTKA
SZYJA
ŁOKIEĆ
SERCE
PALEC
ŻOŁĄDEK
RAMIĘ
KOLANO
JĘZYK
RĘKA
SZCZĘKA
PODBRÓDEK
NOS
UCHO
SKÓRA
KREW
GŁOWA
TWARZ

31 - Biologie

H	Q	F	L	K	Ł	F	B	Y	R	O	U	R	V	J	T
F	O	K	Ł	A	I	B	A	Z	O	M	S	O	O	Y	S
A	O	R	O	Q	Ł	T	K	N	E	U	R	O	N	P	W
N	K	T	M	V	U	N	T	S	Y	M	B	I	O	Z	A
A	O	O	O	O	Q	Q	E	Z	T	H	G	I	T	U	N
T	L	S	S	S	N	W	R	E	W	O	L	U	C	J	A
O	A	Y	O	H	Y	H	I	Ł	O	W	I	W	F	D	K
M	G	N	M	X	N	N	A	Z	A	R	O	D	E	K	R
I	E	A	O	F	L	M	T	S	R	E	G	R	B	A	Ó
A	N	P	R	W	A	Y	U	E	C	N	L	L	S	Q	M
R	U	S	H	T	R	Z	L	T	Z	A	U	C	H	V	O
C	P	A	C	X	U	N	G	I	A	A	V	E	K	D	K
A	B	O	G	K	T	E	E	T	I	C	Z	K	P	A	S
D	I	Q	N	P	A	W	Q	C	I	C	J	Ł	F	Z	A
R	Z	T	A	K	N	L	Ł	I	F	T	I	A	G	O	T
Z	G	A	D	S	S	A	K	Y	Ł	E	J	X	P	F	S

ANATOMIA
BAKTERIA
KOMÓRKA
CHROMOSOM
KOLAGEN
ZARODEK
ENZYM
EWOLUCJA
HORMON
SSAK
MUTACJA
NATURALNY
NERW
NEURON
OSMOZA
FOTOSYNTEZA
BIAŁKO
GAD
SYMBIOZA
SYNAPSA

32 - Épices

C	H	S	K	O	Z	I	E	R	A	D	K	A	S	N	B
E	I	X	Ó	E	S	I	X	C	Y	N	A	M	O	N	I
B	T	M	B	L	G	O	R	Z	K	I	Z	G	P	Z	L
U	V	X	Z	K	I	P	M	L	K	Y	N	Ś	A	W	K
L	R	E	S	M	A	K	M	U	A	R	S	Ł	P	J	E
A	I	L	I	N	A	W	A	K	R	R	G	K	R	O	N
S	Z	A	F	R	A	N	N	R	D	U	I	O	Y	K	S
Z	H	I	O	R	U	Ł	Y	E	A	C	L	P	K	O	O
A	I	S	N	G	P	A	Ż	C	M	J	E	E	A	L	Z
W	S	Q	T	K	G	I	C	J	O	H	K	R	K	E	C
R	S	V	D	Q	Z	W	E	A	N	E	M	W	K	N	W
O	M	H	Y	L	I	U	J	P	Ł	V	I	Ł	J	D	Ł
Z	N	C	L	R	O	M	R	W	R	U	N	O	T	R	K
K	X	V	Ł	L	Ł	N	B	Z	X	Z	E	S	Q	A	Ł
C	T	V	F	Q	Y	J	P	I	O	C	K	K	Q	A	G
E	G	F	M	H	I	B	R	Z	R	X	Z	I	F	Y	D

KWAŚNY
CZOSNEK
GORZKI
ANYŻ
CYNAMON
KARDAMON
KOLENDRA
KMINEK
CURRY
KOPER WŁOSKI
KOZIERADKA
IMBIR
CEBULA
PAPRYKA
PIEPRZ
LUKRECJA
SZAFRAN
SMAK
SÓL
WANILIA

33 - Agronomie

C	O	G	X	O	I	U	Ż	O	R	L	W	K	I	M	Q
I	H	S	T	I	N	Ł	Y	K	T	J	F	Q	P	S	K
D	P	O	V	W	W	M	W	S	L	Y	J	H	S	I	K
E	V	N	R	V	F	S	N	I	L	X	W	O	D	A	Y
N	A	J	Z	O	R	E	O	W	T	C	I	N	L	O	R
T	W	B	M	W	B	U	Ś	O	P	S	K	P	N	U	E
Y	Y	A	A	L	R	Y	Ć	D	M	M	S	R	A	S	K
F	Z	Z	K	D	W	Z	R	O	S	T	J	O	S	Y	O
I	R	E	U	G	A	I	G	R	E	N	E	D	I	S	L
K	A	X	A	W	L	N	H	Ś	N	J	I	U	O	T	O
A	W	S	N	N	A	E	I	P	A	R	W	K	N	E	G
C	E	I	N	A	D	A	B	A	W	A	V	C	A	M	I
J	R	U	N	X	T	D	O	A	Ó	Y	G	J	J	Y	A
A	Q	H	L	L	I	T	Z	G	Z	E	P	A	L	D	V
D	S	Ł	X	D	V	F	O	J	R	H	Q	H	R	Ł	S
C	A	Y	T	C	Z	J	T	Y	C	T	Z	V	Ł	B	U

ROLNICTWO
WZROST
WODA
NAWÓZ
ŚRODOWISKO
EKOLOGIA
ENERGIA
EROZJA
BADANIE
NASIONA
IDENTYFIKACJA
WARZYWA
CHOROBY
ŻYWNOŚĆ
PRODUKCJA
BADANIA
WIEJSKI
NAUKA
GLEBA
SYSTEMY

34 - Science

L	O	O	V	S	C	G	F	C	B	V	A	C	H	Z	S
A	R	B	Y	N	Z	C	I	M	E	H	C	Z	I	E	K
B	G	S	N	M	Ą	M	Z	S	N	A	W	Ą	P	S	A
O	A	E	A	F	S	O	E	U	A	N	J	S	O	D	M
R	N	R	U	O	T	T	H	T	D	F	O	T	T	F	I
A	I	W	K	A	E	A	D	K	O	X	D	K	E	S	E
T	Z	A	O	F	C	Y	D	A	A	D	A	I	Z	A	N
O	M	C	W	A	Z	D	R	F	H	O	A	W	A	N	I
R	Y	J	I	K	K	Z	E	W	O	L	U	C	J	A	A
I	C	A	E	L	I	F	I	Z	Y	K	A	I	Ł	K	Ł
U	A	N	C	I	E	M	V	K	B	H	T	R	W	S	O
M	X	R	Ł	M	D	H	R	M	S	D	R	G	B	B	Ś
Y	Z	B	U	A	J	C	A	T	I	W	A	R	G	T	Ć
R	A	N	K	T	N	E	M	Y	R	E	P	S	K	E	D
M	I	N	E	R	A	Ł	Y	J	T	H	L	G	B	Y	M
K	C	S	M	X	J	N	A	T	G	A	Y	Q	I	W	J

ATOM
CHEMICZNY
KLIMAT
DANE
EKSPERYMENT
EWOLUCJA
FAKT
SKAMIENIAŁOŚĆ
GRAWITACJA
HIPOTEZA
LABORATORIUM
METODA
MINERAŁY
CZĄSTECZKI
NATURA
OBSERWACJA
ORGANIZM
CZĄSTKI
FIZYKA
NAUKOWIEC

35 - Vêtements

S	A	K	T	E	L	O	S	N	A	R	B	G	D	S	K
S	P	Ó	D	N	I	C	A	W	Ł	O	X	K	Ż	U	O
P	N	K	C	J	T	X	Z	T	E	T	Q	L	I	K	S
K	Ł	A	Z	F	R	E	U	G	P	T	M	X	N	I	Z
Ł	X	A	D	O	M	X	L	S	E	I	E	G	S	E	U
R	Z	N	S	W	N	M	B	Z	R	S	Ż	R	Y	N	L
Y	Ł	L	A	Z	X	R	U	A	O	Q	X	A	C	K	A
W	E	T	M	V	C	Z	L	L	D	U	E	U	M	A	M
O	V	D	K	R	B	Z	K	I	N	J	Y	Z	S	A	N
S	P	O	D	N	I	E	V	K	M	C	Y	U	S	G	Q
T	R	Ę	K	A	W	I	C	Z	K	I	M	P	A	Q	W
W	O	B	D	G	B	I	Q	Y	O	S	D	M	N	U	N
Q	H	U	X	A	Q	K	U	R	T	K	A	N	D	L	R
Q	S	T	K	A	P	E	L	U	S	Z	V	X	A	T	Ł
C	E	Y	H	A	A	Y	C	E	P	A	S	H	Ł	O	X
F	A	R	T	U	C	H	P	J	G	P	E	A	Y	X	R

BRANSOLETKA
PAS
KAPELUSZ
BUT
KOSZULA
BLUZA
NASZYJNIK
SZALIK
RĘKAWICZKI
DŻINSY
SPÓDNICA
PŁASZCZ
MODA
SPODNIE
SWETER
PIŻAMA
SUKIENKA
SANDAŁY
FARTUCH
KURTKA

36 - Arts Visuels

C	E	R	A	M	I	K	A	P	V	M	Y	Ł	Y	S	M
Ć	Ś	O	N	W	Y	T	A	E	R	K	O	F	F	Z	P
B	S	R	N	M	Y	X	E	R	J	V	Z	P	B	T	A
O	H	D	Z	W	O	S	K	S	T	I	U	M	Z	A	Z
P	U	N	O	E	D	Ł	X	P	I	L	Z	S	U	L	K
G	O	P	E	Ł	Ź	E	F	E	Q	S	T	D	I	U	R
A	F	R	L	D	O	B	N	K	E	W	Ó	Ł	O	G	E
R	O	P	T	E	Y	U	A	T	Ł	I	G	M	W	A	D
N	T	F	V	R	A	J	C	Y	Z	O	P	M	O	K	A
C	O	I	W	U	E	M	O	W	T	S	R	A	L	A	M
A	G	A	T	S	Y	T	R	A	N	I	L	G	H	U	D
R	R	A	R	C	Y	D	Z	I	E	Ł	O	F	X	B	X
S	A	W	W	H	L	F	L	U	Z	V	S	N	D	U	U
T	F	T	M	G	S	I	P	O	G	U	Ł	D	J	C	K
W	I	Z	Y	E	E	L	L	A	K	I	E	R	B	N	H
O	A	L	L	K	Ł	M	Ł	K	R	C	Y	D	X	V	Q

GLINA
ARTYSTA
CERAMIKA
ARCYDZIEŁO
SZTALUGA
WOSK
KOMPOZYCJA
KREDA
OŁÓWEK
KREATYWNOŚĆ
FILM
MALARSTWO
PERSPEKTYWA
FOTOGRAFIA
PORTRET
GARNCARSTWO
RZEŹBA
DŁUGOPIS
LAKIER

37 - Méditation

E	M	W	A	O	A	N	C	F	K	U	P	O	P	O	P
P	O	S	T	A	W	A	A	I	P	C	O	B	O	B	E
D	B	U	E	R	W	Q	O	T	Z	U	K	U	C	S	R
G	E	D	N	I	A	I	L	E	U	I	Ó	D	I	E	S
Q	X	Y	M	N	W	C	L	N	M	R	J	Z	S	R	P
P	S	Y	C	H	I	C	Z	N	Y	O	A	I	Z	W	E
Ż	Y	C	Z	L	I	W	O	Ś	Ć	J	C	Ć	A	A	K
W	D	Z	I	Ę	C	Z	N	O	Ś	Ć	H	J	K	C	T
P	R	Z	E	J	R	Z	Y	S	T	O	Ś	Ć	E	J	Y
P	Ł	L	K	E	H	R	X	W	O	P	I	T	M	A	W
E	F	U	I	C	S	L	U	W	K	J	E	T	U	G	A
K	E	K	K	Y	W	O	H	C	E	D	D	O	Z	A	R
P	R	Z	Y	J	Ę	C	I	E	H	Y	Z	G	Y	W	W
P	N	G	W	Z	S	P	O	K	Ó	J	L	H	K	U	X
B	K	Ł	A	S	F	G	J	I	Z	M	Q	D	A	T	Z
L	G	G	N	I	W	S	P	Ó	Ł	C	Z	U	C	I	E

PRZYJĘCIE
UWAGA
SPOKÓJ
PRZEJRZYSTOŚĆ
WSPÓŁCZUCIE
EMOCJE
OBUDZIĆ
ŻYCZLIWOŚĆ
WDZIĘCZNOŚĆ
NAWYKI
PSYCHICZNY
RUCH
MUZYKA
NATURA
OBSERWACJA
POKÓJ
PERSPEKTYWA
POSTAWA
ODDECHOWY
CISZA

38 - Littérature

F	O	Z	X	X	U	Ł	L	Q	E	B	U	Y	W	K	H
I	Y	E	V	I	B	P	V	U	D	X	R	Ł	B	Ł	U
K	E	S	O	I	N	W	C	Q	B	W	E	S	U	R	L
C	M	A	E	J	J	F	P	N	W	M	H	U	B	Ł	J
J	E	X	G	R	B	G	O	L	A	I	D	O	O	Q	V
A	T	N	V	Y	C	U	W	Y	A	N	A	L	I	Z	A
I	A	O	A	M	S	N	I	T	F	X	V	V	P	N	I
F	F	P	A	N	N	X	E	S	F	U	V	A	O	A	D
A	O	I	M	N	A	R	Ś	R	Y	T	M	U	R	R	E
R	R	S	K	A	E	L	Ć	X	H	K	Ł	T	Ó	R	G
G	A	T	M	C	V	G	O	P	T	T	X	O	W	A	A
O	N	E	X	Z	Y	O	D	G	F	S	V	R	N	T	R
I	A	M	F	I	O	T	S	O	I	M	B	M	A	O	T
B	F	A	C	U	K	I	E	X	T	A	I	Ł	N	R	A
K	A	T	W	Z	S	C	K	O	V	A	T	Q	I	Y	D
Q	X	A	N	H	J	R	P	J	P	Z	S	R	E	I	W

ANALOGIA
ANALIZA
ANEGDOTA
AUTOR
BIOGRAFIA
PORÓWNANIE
WNIOSEK
OPIS
DIALOG
FIKCJA
METAFORA
NARRATOR
WIERSZ
POETYCKI
RYM
POWIEŚĆ
RYTM
STYL
TEMAT
TRAGEDIA

39 - Nourriture #1

O	Y	Z	Z	J	Ł	A	J	J	K	M	F	I	F	N	J
C	Q	P	F	O	I	C	X	O	A	A	P	U	Z	G	Ę
W	A	A	Ł	V	E	A	A	C	W	R	E	I	K	U	C
J	N	S	A	Ł	A	T	K	A	A	C	O	D	Y	Q	Z
K	Y	W	I	R	I	Z	Z	O	E	H	J	Z	Z	D	M
S	R	V	M	P	L	S	S	S	S	E	E	A	C	X	I
C	T	F	D	W	Y	P	U	Ę	D	W	L	P	Ń	X	E
Y	Y	Ł	U	U	Z	M	R	I	V	K	H	F	U	E	Ń
L	C	N	N	K	A	K	G	M	N	A	U	W	T	J	S
S	N	Q	A	W	B	B	U	M	D	D	S	D	O	E	Ó
Z	C	G	K	M	G	Y	T	E	Ł	I	K	W	T	L	L
P	K	E	N	S	O	Z	C	S	Z	M	I	H	T	T	O
I	D	R	B	U	K	N	R	Z	E	P	A	O	U	L	X
N	U	U	B	U	E	F	X	R	G	J	Q	H	W	B	Q
A	S	R	S	T	L	K	G	A	B	D	Q	L	X	P	V
K	E	X	R	Ł	M	A	T	R	U	S	K	A	W	K	A

CZOSNEK
BAZYLIA
KAWA
CYNAMON
MARCHEWKA
CYTRYNA
SZPINAK
TRUSKAWKA
SOK
MLEKO
RZEPA
CEBULA
JĘCZMIEŃ
GRUSZKA
SAŁATKA
SÓL
ZUPA
CUKIER
TUŃCZYK
MIĘSO

40 - Jours et Mois

P	M	O	A	W	Y	T	U	L	I	O	R	G	Q	Q	U
S	O	I	L	U	N	C	Ń	E	I	P	R	E	I	S	S
O	Ł	N	E	H	D	P	D	G	S	P	C	Z	P	I	P
B	Ń	E	I	S	E	Z	R	W	Ł	I	I	Ń	B	Y	A
O	Q	K	Z	E	I	J	Q	S	K	V	E	E	M	K	Ź
T	L	X	D	I	D	Ą	Q	D	B	E	Q	I	C	A	D
A	P	G	E	Ń	E	Z	C	Y	T	S	K	C	E	L	Z
W	I	B	I	C	X	S	I	L	R	F	C	E	I	E	I
N	Ą	L	N	K	L	R	V	A	A	P	B	I	W	N	E
N	T	D	P	E	I	A	Q	K	Ł	Ń	Q	W	R	D	R
N	E	L	G	T	S	M	T	N	I	E	M	K	E	A	N
Y	K	G	K	R	T	Z	L	Y	U	I	K	E	Z	R	I
Ś	R	O	D	A	O	Z	X	P	M	Z	W	R	C	Z	K
M	U	H	B	W	P	A	M	I	C	D	E	O	Y	D	O
G	S	S	Z	Z	A	G	N	J	Y	Y	I	T	Ł	Ł	Z
X	A	H	P	C	D	Y	Y	O	S	T	Z	W	N	X	A

SIERPIEŃ
KWIECIEŃ
KALENDARZ
NIEDZIELA
LUTY
STYCZEŃ
CZWARTEK
LIPIEC
CZERWIEC
PONIEDZIAŁEK
WTOREK
MARSZ
ŚRODA
MIESIĄC
LISTOPAD
PAŹDZIERNIK
SOBOTA
TYDZIEŃ
WRZESIEŃ
PIĄTEK

41 - Jardinage

Ć	Ą	N	T	I	W	K	E	N	U	T	A	G	Y	D	L
Q	Z	V	G	O	K	Y	G	Z	P	J	R	X	N	J	I
Y	L	I	Ś	Ć	X	B	Z	G	I	Q	T	O	Z	A	Ś
P	W	F	E	I	I	Ć	O	G	L	I	W	G	C	D	C
O	O	O	R	D	V	O	T	E	I	K	U	B	I	A	I
U	K	J	D	V	G	T	Y	A	T	Q	Y	E	N	L	H
B	I	M	E	A	C	S	C	A	G	L	E	B	A	N	C
R	T	Q	J	M	Ł	A	Z	K	L	I	M	A	T	Y	Ł
U	S	A	D	X	N	K	N	K	W	I	A	T	O	W	Y
D	L	R	X	Q	V	I	Y	O	V	H	W	I	B	Ł	I
L	X	L	E	S	J	L	K	N	I	N	G	U	V	S	R
S	E	Z	O	N	O	W	Y	E	H	S	Q	A	W	A	I
T	K	O	M	P	O	S	T	M	Y	O	A	I	Ą	L	B
Q	Y	R	Ł	V	L	P	E	Ł	O	O	K	N	Ż	D	V
X	B	F	G	R	E	E	W	L	Q	C	V	I	C	H	N
X	N	M	A	K	R	Y	K	U	U	A	Ł	Ł	C	T	H

BOTANICZNY
BUKIET
KLIMAT
JADALNY
KOMPOST
WODA
GATUNEK
EGZOTYCZNY
LIŚCI
LIŚĆ

KWITNĄĆ
KWIATOWY
NASIONA
WILGOĆ
POJEMNIK
SEZONOWY
BRUD
GLEBA
WĄŻ
SAD

42 - Entreprise

S	H	B	F	W	P	U	E	Z	D	Ą	I	N	E	I	P
K	S	Y	Z	Ł	R	Y	A	H	O	R	U	I	B	T	J
L	A	T	U	L	A	W	C	Ł	C	F	U	D	H	O	U
E	J	B	E	D	C	M	R	I	H	N	W	Q	R	W	S
P	C	W	S	Ż	O	K	J	K	Ó	N	Q	J	A	A	G
D	K	X	W	T	D	Q	N	A	D	V	S	W	J	R	Ł
Q	A	I	Z	F	A	U	M	R	T	D	A	X	C	I	Y
G	S	L	B	L	W	S	B	I	T	D	R	C	Y	V	O
N	N	V	O	V	C	F	A	E	Z	I	I	Ł	T	S	R
T	A	G	D	G	A	R	F	R	S	Ł	Y	F	S	I	X
H	R	H	R	U	Q	P	E	A	O	N	L	P	E	Z	Y
Q	T	F	A	B	R	Y	K	A	K	F	A	Y	W	A	U
P	O	D	A	T	K	I	F	R	C	X	I	N	N	Z	H
P	R	A	C	O	W	N	I	K	C	Ł	J	R	I	U	B
E	K	O	N	O	M	I	A	U	Z	L	M	F	M	F	A
Ł	O	S	P	R	Z	E	D	A	Ż	L	C	P	I	A	L

PIENIĄDZE
SKLEP
BUDŻET
BIURO
KARIERA
KOSZT
WALUTA
PRACODAWCA
PRACOWNIK
FIRMA
EKONOMIA
FINANSE
PODATKI
INWESTYCJA
TOWAR
ZYSK
DOCHÓD
TRANSAKCJA
FABRYKA
SPRZEDAŻ

43 - Activités

S	W	Ę	D	R	Ó	W	K	I	E	P	L	Ł	W	R	S
R	Z	Ć	Ś	O	N	M	E	J	Y	Z	R	P	Y	Z	K
E	K	T	O	W	G	N	I	P	M	E	K	Y	P	E	H
L	Z	I	U	J	Y	R	G	R	A	Q	P	V	O	M	H
A	C	Q	M	K	E	E	O	S	X	G	B	F	C	I	Z
K	A	B	N	E	A	X	N	D	M	D	M	O	Z	O	A
S	C	E	R	A	M	I	K	A	N	D	A	K	Y	S	G
F	O	T	O	G	R	A	F	I	A	I	M	A	N	Ł	A
D	Z	I	A	Ł	A	L	N	O	Ś	Ć	C	W	E	A	D
M	F	L	V	I	C	R	T	L	Ł	P	E	T	K	D	K
F	H	D	M	F	G	R	F	S	I	F	I	B	W	X	I
S	Z	Y	C	I	E	A	K	U	J	D	N	Y	U	O	M
S	D	L	B	L	I	O	M	U	K	T	A	I	D	L	C
U	M	I	E	J	Ę	T	N	O	Ś	Ć	T	N	R	L	M
P	O	L	O	W	A	N	I	E	I	N	A	T	Y	Z	C
Q	L	S	C	H	W	Ę	D	K	A	R	S	T	W	O	Z

DZIAŁALNOŚĆ
SZTUKA
RZEMIOSŁA
KEMPING
CERAMIKA
POLOWANIE
UMIEJĘTNOŚĆ
SZYCIE
TANIEC
OGRODNICTWO

GRY
CZYTANIE
WYPOCZYNEK
MAGIA
WĘDKARSTWO
FOTOGRAFIA
PRZYJEMNOŚĆ
ZAGADKI
WĘDRÓWKI
RELAKS

44 - Mode

L	F	P	R	A	K	T	Y	C	Z	N	Y	I	B	Ł	A
Y	Ł	J	K	Q	J	C	T	T	P	Ł	C	F	V	M	K
N	F	J	E	U	C	G	S	Ż	E	I	Z	D	O	H	H
D	E	P	D	T	W	F	O	Y	M	K	G	G	A	G	C
O	Ł	Y	E	Ł	R	W	R	P	E	V	S	U	X	W	I
G	R	P	J	J	I	T	P	N	E	K	H	T	P	O	K
Y	N	Y	N	S	E	Z	C	O	W	O	N	Y	U	U	H
W	Z	E	G	T	K	A	N	I	N	A	B	S	J	R	Q
H	I	K	S	I	C	Y	Z	R	P	W	U	T	L	D	A
D	R	O	G	I	N	T	V	F	M	P	T	Y	E	Y	W
I	X	I	K	C	N	A	G	E	L	E	I	L	R	M	Z
K	O	R	O	N	K	I	Ł	H	R	E	K	J	J	A	Ó
W	Y	R	A	F	I	N	O	W	A	N	Y	H	Ł	M	R
N	I	E	D	R	O	G	I	E	O	Z	F	O	A	V	Y
S	X	P	I	B	K	H	Y	F	C	T	P	V	Q	F	P
S	K	R	O	M	N	Y	A	J	C	N	E	D	N	E	T

NIEDROGIE
BUTIK
PRZYCISKI
HAFT
DROGI
WYGODNY
KORONKI
ELEGANCKI
NOWOCZESNY
SKROMNY
WZÓR
ORYGINAŁ
PRAKTYCZNY
PROSTY
WYRAFINOWANY
STYL
TENDENCJA
TEKSTURA
TKANINA
ODZIEŻ

45 - Fleurs

W	P	R	Ó	Ż	A	K	T	O	R	K	O	T	S	Ż	M
U	K	A	I	R	E	M	U	L	P	A	K	Q	D	O	L
Q	N	I	S	X	Z	R	H	H	L	M	D	K	B	N	C
B	T	N	U	S	M	A	G	N	O	L	I	A	C	K	V
N	B	E	K	K	I	N	Z	C	E	N	O	Ł	S	I	N
B	R	D	S	R	B	O	P	Ł	A	T	E	K	T	L	Y
X	J	R	I	A	U	P	N	I	M	Ś	A	J	Y	K	F
K	Ł	A	B	L	K	Ł	I	F	A	U	U	G	W	O	F
G	B	G	I	Z	I	I	G	W	L	V	L	U	D	N	Q
L	U	Z	H	S	E	Y	O	W	O	O	E	T	N	I	I
Y	I	Y	A	M	T	Y	A	C	E	N	W	S	F	C	B
C	T	L	O	R	C	H	I	D	E	A	I	E	J	Z	U
D	C	G	I	T	U	L	I	P	A	N	Ł	A	R	Y	Y
B	I	I	H	A	Z	O	S	R	J	G	M	A	N	N	R
Ł	H	L	I	L	I	O	W	Y	T	Y	M	K	C	A	J
L	A	W	E	N	D	A	Ł	Ł	Ł	N	G	Y	Q	O	Ł

BUKIET
GARDENIA
HIBISKUS
JAŚMIN
ŻONKIL
LAWENDA
LILIOWY
LILIA
MAGNOLIA
STOKROTKA
ORCHIDEA
PASSIONFLOWER
MAK
PŁATEK
PIWONIA
PLUMERIA
RÓŻA
SŁONECZNIK
KONICZYNA
TULIPAN

46 - Nourriture #2

O	W	W	V	A	U	O	J	J	L	Q	W	E	G	A	A
B	I	D	I	C	B	W	K	T	L	P	I	X	R	W	Ł
Q	Ś	N	E	P	D	R	Ł	J	A	K	N	Y	Z	S	J
Z	N	P	S	Z	E	N	I	C	A	P	O	Q	Y	G	F
O	I	R	Y	Ż	O	A	K	G	D	J	G	L	B	Ł	Z
B	A	W	Q	N	V	Ż	U	F	A	C	R	E	L	E	S
E	R	Ł	W	J	F	A	R	P	L	G	O	E	V	H	L
L	O	O	R	R	P	Ł	C	L	O	G	N	A	M	M	L
H	D	N	K	I	K	K	Z	I	K	W	O	A	W	G	E
C	I	A	D	U	O	A	A	J	E	D	O	B	N	Ł	W
O	M	R	Q	F	Ł	B	K	Q	Z	K	Z	Y	J	A	W
X	O	S	G	Z	K	Y	Z	U	C	X	U	R	A	D	B
X	P	Y	G	W	I	Ł	Y	B	F	R	Ł	C	B	G	B
P	L	G	X	C	W	S	N	V	R	M	G	J	Ł	I	Ł
G	E	R	L	T	I	M	S	Ł	N	E	Ł	S	K	M	W
C	S	F	I	O	B	H	E	L	U	A	R	R	O	C	R

MIGDAŁ
BAKŁAŻAN
BANAN
PSZENICA
BROKUŁY
WIŚNIA
SELER
GRZYB
CZEKOLADA
SZYNKA
KIWI
MANGO
JAJKO
CHLEB
RYBA
JABŁKO
KURCZAK
WINOGRONO
RYŻ
POMIDOR

47 - Algèbre

E	Z	I	M	E	I	N	A	Z	Ą	I	W	Z	O	R	R
I	K	G	M	T	M	W	R	W	M	E	L	B	O	R	P
N	J	D	T	F	H	C	Y	M	Z	I	G	O	O	Q	F
A	D	I	A	G	R	A	M	K	I	Y	F	A	Ś	N	R
N	A	W	I	A	S	B	Ć	M	R	F	F	Ł	B	Ć	A
W	Y	K	Ł	A	D	N	I	K	Y	E	Ł	U	F	V	K
Ó	A	R	W	Q	R	H	C	L	Q	E	S	M	A	D	C
R	Y	R	K	D	N	Y	Ś	A	W	T	D	R	U	Ł	J
O	J	E	I	N	A	W	O	M	J	E	D	O	G	N	A
W	L	W	N	R	N	O	R	Y	M	Q	Ł	F	F	U	J
Y	X	Y	N	U	N	I	P	Ł	R	A	W	Z	D	U	R
H	R	Z	Y	L	E	N	U	M	E	R	T	Z	E	R	O
M	S	S	Z	B	I	I	I	I	Ł	I	H	R	F	Y	Ł
Y	Q	Ł	C	S	M	L	Y	L	P	V	L	Q	Y	W	E
K	E	A	G	I	Z	E	Y	Ł	R	K	Y	Y	P	C	F
X	V	F	N	I	E	S	K	O	Ń	C	Z	O	N	Y	A

DIAGRAM
WYKŁADNIK
RÓWNANIE
CZYNNIK
FAŁSZYWE
FORMUŁA
FRAKCJA
WYKRES
NIESKOŃCZONY
LINIOWY
MATRYCA
NUMER
NAWIAS
PROBLEM
ILOŚĆ
UPROŚCIĆ
ROZWIĄZANIE
ODEJMOWANIE
ZMIENNA
ZERO

48 - Océan

U	D	O	U	E	K	N	G	C	V	A	Y	X	T	G	U
R	S	E	P	V	M	I	U	S	J	P	A	R	A	Z	R
D	Ł	E	D	T	U	F	E	R	V	A	V	Z	B	Q	Q
W	N	C	A	L	M	L	W	I	E	L	O	R	Y	B	R
C	L	V	O	V	P	E	M	E	L	L	Ł	H	K	G	P
A	C	T	T	F	D	D	D	L	A	D	L	Ó	S	M	O
V	E	Z	W	V	U	Q	Z	U	F	D	F	V	D	C	V
M	B	W	K	V	L	U	E	Y	Z	S	O	H	M	Ź	Z
T	W	I	Z	D	C	A	X	V	L	A	R	O	K	X	X
H	M	S	R	K	B	O	T	N	I	K	E	R	G	T	R
L	Q	W	O	D	O	R	O	S	T	B	A	R	K	L	Y
L	F	Ł	G	T	Q	K	U	U	F	Ą	S	Y	O	M	Q
H	C	Ó	Ę	E	R	D	P	U	A	G	Y	R	T	S	O
Y	R	Ż	W	S	T	A	C	I	N	R	O	I	M	Ś	O
T	U	Ń	C	Z	Y	K	F	R	Y	B	A	G	W	M	X
F	L	J	B	U	R	Z	A	A	K	T	E	W	E	R	K

WODOROST
WĘGORZ
WIELORYB
ŁÓDŹ
KORAL
KRAB
KREWETKA
DELFIN
GĄBKA
OSTRYGA
MEDUZA
RYBA
OŚMIORNICA
REKIN
RAFA
SÓL
BURZA
TUŃCZYK
ŻÓŁW
FALE

49 - Remplir

B	U	T	E	L	K	A	R	U	R	K	N	Ł	P	P	S
P	P	K	P	I	T	O	R	B	A	I	O	J	F	U	K
W	A	N	L	H	N	E	S	A	B	O	T	S	D	D	R
A	O	K	P	B	L	Y	J	R	U	Ł	R	R	Z	E	Z
Z	L	R	I	X	U	P	Z	G	U	S	A	O	S	Ł	Y
O	Z	E	Ł	E	J	Ł	Ł	C	R	X	K	J	V	K	N
N	V	D	T	C	T	A	L	O	A	T	A	C	A	O	I
W	A	L	I	Z	K	A	S	A	K	N	Q	L	S	U	A
W	S	O	R	D	A	I	W	G	Z	K	D	B	A	M	K
V	X	F	S	Ł	K	H	I	K	C	T	J	U	C	F	O
L	J	X	O	M	V	Y	L	Ń	E	Z	S	E	I	K	P
K	S	S	Y	F	M	T	P	J	B	A	F	F	C	D	E
D	Z	E	F	P	Ł	N	R	D	G	I	Q	P	Y	R	R
D	W	B	G	Ł	Y	S	Z	U	F	L	A	D	A	M	T
D	G	G	M	C	J	U	U	Q	Y	E	Ł	J	J	X	A
S	S	C	X	U	R	I	T	X	X	Q	Q	F	G	I	M

BECZKA
BASEN
PUDEŁKO
BUTELKA
SKRZYNIA
KARTON
FOLDER
KOPERTA
NACZYNIE
KOSZ
PAKIET
TACA
KIESZEŃ
SŁOIK
TORBA
WIADRO
SZUFLADA
RURA
WALIZKA
WAZON

50 - Antiquités

I	B	X	V	W	S	H	V	M	G	T	L	R	O	J	S
N	S	I	Y	J	Ć	Z	S	U	M	A	N	E	C	Z	Z
W	E	K	Ż	L	Ś	V	A	A	G	Q	L	F	Ł	A	C
E	P	C	W	U	O	Y	Ł	K	Y	W	Z	E	I	N	O
S	C	N	O	S	T	B	W	V	P	I	T	Ł	R	D	G
T	K	A	K	Z	R	E	L	B	E	M	F	Q	F	I	U
Y	B	G	L	T	A	Q	R	W	Y	R	A	T	S	G	A
C	S	E	Y	U	W	F	X	I	Z	Y	M	M	R	Ł	E
J	A	L	X	K	A	J	Y	D	A	K	E	D	Z	P	E
A	H	E	J	A	J	I	A	M	R	T	X	B	E	D	S
S	T	U	L	E	C	I	E	K	B	X	Y	H	Ź	A	T
I	Q	E	M	H	K	L	B	T	O	Z	Y	D	B	H	Y
Z	U	B	L	D	U	Y	K	M	Q	Ś	G	A	A	X	L
D	E	K	O	R	A	C	Y	J	N	Y	Ć	W	K	T	V
A	U	T	E	N	T	Y	C	Z	N	Y	T	E	N	O	M
Q	P	W	V	D	H	S	G	Z	U	S	Q	L	H	O	I

SZTUKA
AUTENTYCZNY
BIŻUTERIA
DEKADY
DEKORACYJNY
AUKCJA
ELEGANCKI
GALERIA
NIEZWYKŁY
INWESTYCJA
MEBLE
OBRAZY
MONETY
CENA
JAKOŚĆ
RZEŹBA
STULECIE
STYL
WARTOŚĆ
STARY

51 - Réchauffement Climatique

A	O	T	E	M	P	E	R	A	T	U	R	Y	T	P	I
E	W	T	L	L	P	M	S	S	M	S	C	U	Y	I	R
I	T	P	R	Z	Y	S	Z	Ł	O	Ś	Ć	G	U	G	E
T	S	J	G	U	K	N	Y	G	K	R	Y	Z	Y	S	T
O	W	A	K	L	W	M	A	I	N	E	L	O	K	O	P
G	A	Z	L	R	Z	A	D	I	M	D	I	A	J	Ś	P
W	D	T	Q	I	X	Y	G	X	M	M	V	R	U	R	R
M	O	E	A	Z	C	C	A	A	J	Z	R	K	V	O	Z
U	W	E	J	C	A	L	U	P	O	P	T	T	K	D	E
G	A	N	N	Z	E	A	S	A	Z	C	E	Y	Y	O	M
P	T	E	T	A	M	I	L	K	W	T	R	C	Y	W	Y
V	S	R	X	M	D	M	V	C	L	O	A	Z	R	I	S
E	U	G	X	F	N	A	Z	S	J	C	Z	N	Z	S	Ł
G	A	I	S	I	E	D	L	I	S	K	A	Y	Ą	K	I
E	Ł	A	N	A	U	K	O	W	I	E	C	F	D	O	B
R	O	Z	W	Ó	J	F	A	H	E	G	Z	X	B	C	M

ARKTYCZNY
UWAGA
ZMIANY
KLIMAT
KRYZYS
ROZWÓJ
DANE
ŚRODOWISKO
ENERGIA
PRZYSZŁOŚĆ
GAZ
POKOLENIA
RZĄD
SIEDLISKA
PRZEMYSŁ
USTAWODAWSTWO
TERAZ
POPULACJE
NAUKOWIEC
TEMPERATURY

52 - Ballet

W	V	V	G	M	K	O	R	K	I	E	S	T	R	A	X
L	D	J	Ł	G	W	M	M	Q	Q	B	F	N	S	R	L
Z	Q	Z	R	L	X	S	U	Ł	H	G	S	H	D	E	K
B	O	Y	I	F	L	T	Z	K	J	B	Q	I	L	Y	G
R	F	M	K	Ę	G	Y	Y	T	A	N	C	E	R	Z	E
O	L	O	S	N	C	L	K	R	Y	T	M	R	L	W	W
T	K	Y	T	S	I	Z	A	R	Y	W	L	O	B	P	H
Y	R	L	L	Ć	Ś	O	N	Z	C	I	L	B	U	P	C
Z	C	T	A	B	Ó	R	P	Y	I	A	Ł	A	X	A	N
O	I	C	C	S	U	M	I	E	J	Ę	T	N	O	Ś	Ć
P	E	H	K	A	K	I	N	H	C	E	T	I	V	B	J
M	M	R	F	K	L	I	Z	S	M	W	C	R	V	X	M
O	A	R	T	Y	S	T	Y	C	Z	N	Y	E	P	U	Y
K	M	I	Ę	Ś	N	I	E	L	M	G	I	L	R	Y	G
C	H	O	R	E	O	G	R	A	F	I	A	A	L	N	Ł
I	N	T	E	N	S	Y	W	N	O	Ś	Ć	B	D	B	O

OKLASKI
ARTYSTYCZNY
BALERINA
CHOREOGRAFIA
UMIEJĘTNOŚĆ
KOMPOZYTOR
TANCERZE
WYRAZISTY
GEST
WDZIĘCZNY
INTENSYWNOŚĆ
MIĘŚNIE
MUZYKA
ORKIESTRA
PUBLICZNOŚĆ
PRÓBA
RYTM
SOLO
STYL
TECHNIKA

53 - Fruit

B	X	E	F	O	K	T	B	Y	Y	A	M	E	X	P	C
W	A	K	Z	S	U	R	G	D	D	U	S	L	S	O	Y
C	J	N	O	L	E	M	D	N	C	V	C	U	M	M	T
S	A	N	A	N	A	D	O	G	A	J	R	V	S	A	R
D	P	B	N	N	N	W	D	W	I	Ś	N	I	A	R	Y
K	A	G	I	F	Y	I	A	V	N	I	U	V	L	A	N
C	P	Y	L	N	R	N	K	E	I	Ł	D	L	E	Ń	A
Y	P	N	A	B	A	O	O	Q	W	O	F	Z	R	C	X
B	Q	A	M	K	T	G	W	K	K	H	F	E	O	Z	A
G	Y	R	E	W	K	R	A	T	S	W	X	N	M	O	H
I	U	C	E	Ł	E	O	F	L	O	K	O	Z	R	W	Y
T	B	A	U	X	N	N	U	S	Z	I	V	P	K	Y	W
Y	J	J	W	L	C	O	C	F	R	Z	F	T	I	U	W
C	B	R	T	A	S	I	Q	D	B	D	U	K	W	Y	C
M	A	N	G	O	K	Ł	B	A	J	V	U	P	I	Q	Z
R	X	H	A	P	W	G	X	E	B	G	N	N	X	Q	V

MORELA
ANANAS
AWOKADO
JAGODA
BANAN
WIŚNIA
CYTRYNA
FIGA
MALINA
GUAWA
KIWI
MANGO
MELON
NEKTARYNA
POMARAŃCZOWY
PAPAJA
BRZOSKWINIA
GRUSZKA
JABŁKO
WINOGRONO

54 - Musique

W	R	N	E	F	Q	L	L	L	Q	T	H	N	A	T	B
M	O	S	U	X	F	P	H	F	J	T	E	O	W	L	M
K	V	K	V	M	U	B	L	A	Ł	G	K	F	A	O	E
L	E	O	A	Q	Z	R	A	K	N	E	S	O	I	P	L
A	M	R	Y	L	Y	A	R	L	Ł	R	I	R	N	M	O
S	S	M	N	H	D	Z	E	T	L	P	S	K	O	E	D
Y	Ł	N	Z	V	J	Z	P	B	E	A	U	I	M	T	I
C	I	K	C	Y	T	E	O	P	G	O	D	M	R	V	A
Z	N	N	I	N	A	G	R	A	N	I	E	A	A	U	Ł
N	C	T	N	E	M	U	R	T	S	N	I	U	H	K	H
Y	D	Z	O	I	T	U	Ś	P	I	E	W	A	Ć	H	Y
Q	Y	O	M	G	Y	N	Z	C	I	M	T	Y	R	F	E
S	T	S	R	M	R	D	N	Y	N	Z	C	Y	R	I	L
E	C	N	A	L	D	U	L	J	K	Ł	K	J	F	N	O
O	U	H	H	M	U	S	I	C	A	L	M	R	I	P	O
V	E	P	Q	X	A	B	M	Y	J	B	Q	Ł	O	I	S

ALBUM
BALLADA
ŚPIEWAĆ
PIOSENKARZ
KLASYCZNY
NAGRANIE
HARMONIA
HARMONICZNY
INSTRUMENT
LIRYCZNY
MELODIA
MIKROFON
MUSICAL
MUZYK
OPERA
POETYCKI
RYTM
RYTMICZNY
TEMPO
WOKAL

55 - L'Entreprise

O	H	Y	D	N	E	R	T	J	P	D	M	P	P	P	I
P	R	Z	Y	C	H	Ó	D	A	R	E	O	O	R	R	N
D	E	C	Z	B	B	F	N	K	O	C	Ż	S	E	O	N
R	Y	R	D	I	O	S	Q	O	D	Y	L	T	Z	F	O
R	X	Ó	Y	E	Ł	S	S	Ś	U	Z	I	Ę	E	E	W
S	Q	W	C	I	D	A	A	Ć	K	J	W	P	N	S	A
O	V	T	X	R	X	Z	Q	Z	T	A	O	P	T	J	C
Ś	R	E	P	U	T	A	C	J	A	H	Ś	P	A	O	Y
E	W	P	R	Z	E	M	Y	S	Ł	G	Ć	O	C	N	J
Y	E	I	N	E	I	N	D	U	R	T	A	Z	J	A	N
G	C	T	A	J	C	Y	T	S	E	W	N	I	A	L	Y
A	Y	I	K	T	S	O	N	D	E	J	C	N	K	N	I
K	Ł	G	G	S	O	M	J	M	K	Q	E	X	Y	Y	P
F	K	V	U	X	Ł	W	A	A	I	T	N	Z	Z	G	A
Z	K	E	M	C	J	L	Y	W	H	I	C	G	Y	R	S
B	I	Z	N	E	S	P	A	P	I	E	O	T	R	L	T

BIZNES
TWÓRCZY
DECYZJA
ZATRUDNIENIE
ŚWIATOWY
PRZEMYSŁ
INNOWACYJNY
INWESTYCJA
MOŻLIWOŚĆ
PREZENTACJA
PRODUKT
PROFESJONALNY
POSTĘP
JAKOŚĆ
ZASOBY
PRZYCHÓD
REPUTACJA
RYZYKA
TRENDY
JEDNOSTKI

56 - Gouvernement

M	E	M	L	U	K	K	J	F	U	O	B	G	I	D	S
X	Ł	Ł	T	F	A	J	F	M	N	I	T	Q	U	Z	P
S	Y	M	B	O	L	I	Z	S	P	B	Y	F	F	I	O
W	O	L	N	O	Ś	Ć	O	D	T	N	U	Y	H	E	K
Ł	C	W	B	X	L	P	Ł	F	W	Z	D	O	S	L	O
X	A	I	A	J	C	U	T	Y	T	S	N	O	K	N	J
Ł	P	D	Ó	R	A	N	S	U	U	Ł	J	D	I	I	N
P	U	N	A	Q	P	A	D	S	M	L	D	N	N	C	A
O	N	I	E	Z	A	L	E	Ż	N	O	Ś	Ć	M	A	C
L	U	M	W	R	Ó	W	N	O	Ś	Ć	M	Y	O	K	Y
I	D	Y	S	K	U	S	J	A	X	N	X	O	P	E	W
T	B	S	T	A	N	K	R	A	J	O	W	E	W	P	I
Y	D	E	M	O	K	R	A	C	J	A	O	J	A	A	L
K	O	B	Y	W	A	T	E	L	S	T	W	O	X	P	N
A	S	Ą	D	O	W	Y	F	Ł	Q	Z	V	W	B	L	Y
X	K	P	R	A	W	A	N	B	T	G	T	I	R	B	M

OBYWATELSTWO
CYWILNY
KONSTYTUCJA
DEMOKRACJA
MOWA
DYSKUSJA
DZIELNICA
PRAWA
RÓWNOŚĆ
STAN
NIEZALEŻNOŚĆ
SĄDOWY
WOLNOŚĆ
PRAWO
POMNIK
NARÓD
KRAJOWE
SPOKOJNA
POLITYKA
SYMBOL

57 - Randonnée

P	F	J	P	Z	C	I	H	L	R	H	Y	K	N	Z	W
A	R	U	T	A	N	G	A	Q	K	W	Q	L	I	M	O
Q	B	Z	Z	M	E	K	E	Z	C	Z	D	I	A	Ę	R
M	H	T	Y	Z	C	Z	S	X	T	L	J	M	S	C	I
E	I	P	C	G	Ń	E	I	N	E	I	M	A	K	Z	E
C	Ł	N	Z	P	O	C	I	Ę	Ż	K	I	T	L	O	N
B	U	T	Y	R	Ł	T	K	E	M	P	I	N	G	N	T
M	O	A	E	Z	S	Ą	O	G	Q	H	T	A	F	Y	A
M	A	P	A	E	D	Z	B	W	A	D	K	Ł	R	Y	C
K	P	Y	F	W	X	R	D	U	A	R	Ó	G	W	O	J
H	W	M	N	O	J	E	A	O	Ł	N	Y	N	O	P	A
X	W	W	C	D	F	I	L	K	I	K	I	Z	D	O	V
E	C	E	F	N	F	W	L	I	K	A	E	E	A	G	V
C	X	T	C	I	R	Z	K	I	R	T	L	I	A	O	L
J	V	J	P	K	V	E	Z	N	A	J	D	H	P	D	E
E	T	L	Q	I	Z	B	R	Z	P	O	E	L	W	A	W

ZWIERZĄT
BUTY
KEMPING
MAPA
KLIMAT
WODA
KLIF
ZMĘCZONY
PRZEWODNIKI
CIĘŻKI
POGODA
GÓRA
NATURA
ORIENTACJA
PARKI
KAMIENIE
PRZYGOTOWANIE
DZIKI
SŁOŃCE
SZCZYT

58 - Nutrition

D	W	I	T	A	M	I	N	A	G	R	X	F	A	X	I
H	I	X	Q	Ł	Ł	Y	T	R	C	G	A	E	P	F	T
U	K	E	I	R	O	L	A	K	H	C	I	R	E	O	B
D	Z	F	T	B	I	A	Ł	K	A	X	E	M	T	P	Ł
Q	R	Y	W	A	R	P	Y	Z	R	P	Y	E	Y	Q	R
C	O	N	M	Ł	G	X	C	W	M	D	M	N	T	H	F
P	G	Y	Y	W	I	A	Z	Y	I	F	I	T	Z	M	O
N	Q	Ł	N	J	S	G	W	D	N	V	Y	A	D	D	I
X	Q	P	I	I	M	C	Y	G	J	T	A	C	O	O	M
G	H	J	F	K	H	C	A	A	Q	D	N	J	H	Z	F
R	M	A	T	R	A	W	I	E	N	I	E	A	S	D	F
B	Y	D	W	V	I	M	T	O	K	S	Y	N	A	R	H
D	U	A	Y	R	Y	F	S	Ć	Ś	O	K	A	J	O	E
K	I	L	Z	D	R	O	W	I	E	S	S	K	I	W	S
P	A	N	W	Ę	G	L	O	W	O	D	A	N	Y	Y	Q
R	Q	Y	V	Z	R	Ó	W	N	O	W	A	Ż	O	N	Y

GORZKI
APETYT
KALORIE
JADALNY
DIETA
TRAWIENIE
PRZYPRAWY
ZRÓWNOWAŻONY
FERMENTACJA
WĘGLOWODANY
PŁYNY
WAGA
BIAŁKA
JAKOŚĆ
ZDROWY
ZDROWIE
SOS
SMAK
TOKSYNA
WITAMINA

59 - Créativité

N	S	T	N	H	O	J	I	Y	Ł	W	U	E	X	J	I
U	Ć	S	Z	I	W	W	N	D	W	I	M	J	Y	Y	X
N	Ś	U	R	D	Ł	Y	T	R	Y	T	I	A	N	E	W
D	O	T	E	Q	N	R	E	A	O	A	E	J	Z	I	W
T	T	Ć	I	L	Y	A	N	M	B	L	J	C	C	C	K
W	S	Ś	N	R	N	Ż	S	A	R	N	Ę	I	Y	U	L
I	Y	O	E	Q	Z	E	Y	T	A	O	T	U	T	Z	Q
N	Z	N	Ż	U	C	N	W	Y	Ź	Ś	N	T	S	C	S
S	R	N	A	F	I	I	N	C	N	Ć	O	N	Y	U	Ł
P	J	Y	R	L	N	E	O	Z	I	G	Ś	I	T	E	W
I	E	Ł	W	T	A	O	Ś	N	A	X	Ć	S	R	K	B
R	Z	P	V	U	T	Z	Ć	Y	E	V	D	F	A	I	N
A	R	Ć	Ś	O	N	Z	C	Y	T	N	E	T	U	A	T
C	P	W	J	I	O	O	I	Z	P	O	M	Y	S	Ł	Y
J	K	Y	H	L	P	E	Ł	L	Y	Q	O	B	R	A	Z
A	O	F	H	H	S	E	M	O	C	J	E	M	J	M	Q

ARTYSTYCZNY
AUTENTYCZNOŚĆ
PRZEJRZYSTOŚĆ
UMIEJĘTNOŚĆ
DRAMATYCZNY
WYRAŻENIE
EMOCJE
PŁYNNOŚĆ
POMYSŁY
OBRAZ
WYOBRAŹNIA
WRAŻENIE
INSPIRACJA
INTENSYWNOŚĆ
INTUICJA
WYNALAZCZY
UCZUCIE
SPONTANICZNY
WIZJE
WITALNOŚĆ

60 - Science Fiction

O	D	E	M	A	I	P	O	T	U	T	P	K	H	G	S
G	Q	W	T	T	P	L	K	E	M	X	O	S	O	A	C
I	C	Y	P	O	S	D	Q	K	H	N	M	I	K	L	E
E	V	N	K	M	Y	N	J	A	R	K	S	Ą	X	A	N
Ń	I	Z	T	O	N	J	S	R	V	G	U	Ż	C	K	A
A	Z	C	C	W	Z	P	H	V	Z	Y	A	K	T	T	R
L	A	Y	M	Y	C	Y	G	Ł	H	J	I	I	E	Y	I
F	U	T	U	R	Y	S	T	Y	C	Z	N	Y	C	K	U
K	P	S	I	I	T	D	S	O	U	M	Z	I	H	A	S
I	D	A	C	Q	S	P	K	Y	B	E	C	L	N	S	Z
N	P	T	H	J	I	V	L	F	Y	O	O	U	O	R	V
O	O	N	C	C	L	C	C	A	W	H	R	Z	L	Ł	B
I	J	A	Q	G	A	X	U	G	N	C	Y	J	O	P	V
J	M	F	C	W	E	A	Ł	U	G	E	W	A	G	P	T
Q	E	Ł	S	X	R	Ł	S	Q	S	T	T	A	I	W	Ś
T	A	J	E	M	N	I	C	Z	Y	C	H	A	A	L	K

ATOMOWY
KINO
WYBUCH
SKRAJNY
FANTASTYCZNY
OGIEŃ
FUTURYSTYCZNY
GALAKTYKA
ILUZJA
KSIĄŻKI
ŚWIAT
TAJEMNICZY
WYROCZNIA
PLANETA
REALISTYCZNY
ROBOTY
SCENARIUSZ
TECHNOLOGIA
UTOPIA

61 - Professions #1

F	A	R	G	O	T	R	A	K	M	G	A	F	Q	Y	C
P	M	P	S	Y	C	H	O	L	O	G	E	X	K	Z	M
I	B	P	I	A	N	I	S	T	A	D	F	O	P	Y	Q
E	A	T	S	Y	T	R	A	I	Z	Q	U	Y	L	K	L
L	S	I	J	T	P	R	A	W	N	I	K	Z	S	O	T
Ę	A	T	Q	X	R	O	T	K	A	D	E	R	Z	M	G
G	D	A	N	T	E	A	B	A	N	K	I	E	R	G	N
N	O	N	R	E	N	N	Ż	I	G	K	W	Ł	I	G	P
I	R	C	G	W	E	L	I	A	M	Y	Ś	L	I	W	Y
A	C	E	J	S	R	O	D	L	K	D	V	J	A	Q	D
R	M	R	D	D	T	U	L	X	P	Y	M	U	F	H	K
K	M	Z	R	A	K	E	L	W	D	V	Z	P	T	A	V
A	A	S	T	R	O	N	O	M	B	J	S	U	R	Y	E
N	A	U	K	O	W	I	E	C	G	D	R	M	M	M	V
J	U	B	I	L	E	R	S	O	O	Ł	I	Y	N	C	L
F	K	W	H	Y	D	R	A	U	L	I	K	Z	O	J	E

AMBASADOR
ARTYSTA
ASTRONOM
PRAWNIK
BANKIER
JUBILER
KARTOGRAF
MYŚLIWY
TANCERZ
TRENER
REDAKTOR
GEOLOG
PIELĘGNIARKA
LEKARZ
MUZYK
PIANISTA
HYDRAULIK
STRAŻAK
PSYCHOLOG
NAUKOWIEC

62 - Géologie

S	K	S	J	L	V	Z	Ć	F	Ń	E	I	M	A	K	T
B	I	E	L	A	W	A	Ś	E	P	R	E	Z	J	E	G
D	C	T	Ł	Ł	W	Ł	O	W	A	O	S	W	V	M	P
K	R	Y	S	Z	T	A	Ł	Y	W	Z	T	U	H	I	Ł
W	A	R	S	T	W	A	A	Y	W	J	R	L	Q	N	A
S	W	E	O	V	T	W	I	T	R	A	E	K	W	E	S
T	K	R	C	C	O	G	N	K	O	R	F	A	Q	R	K
A	K	O	N	T	Y	N	E	N	T	R	A	N	K	A	O
L	I	X	Ł	E	Y	Y	I	I	I	B	G	Q	W	Ł	W
A	A	S	E	L	Ł	H	M	W	Q	V	F	B	A	Y	Y
K	I	N	V	Ł	P	F	A	F	C	R	E	Y	S	J	Ż
T	A	N	R	D	W	E	K	V	N	I	O	Ł	N	B	C
Y	V	K	K	E	B	W	S	S	K	Y	E	L	V	B	L
T	Ł	N	F	N	S	E	N	O	G	I	Y	K	A	A	O
Q	U	S	R	F	C	G	L	A	C	C	H	B	Ł	I	R
G	S	Ó	L	A	R	O	K	Z	R	K	G	Ł	B	Y	M

KWAS
WAPŃ
GROTA
KONTYNENT
KORAL
WARSTWA
KRYSZTAŁY
EROZJA
CIEKŁY
SKAMIENIAŁOŚĆ
GEJZER
LAWA
MINERAŁY
KAMIEŃ
PŁASKOWYŻ
KWARC
SÓL
STALAKTYT
WULKAN
STREFA

63 - Jardin

G	L	B	Q	M	C	V	F	I	Y	K	G	P	D	V	W
G	L	B	F	M	C	C	L	P	C	P	A	B	L	C	W
X	R	E	S	Y	C	F	N	N	D	T	R	A	Q	O	I
Q	Ł	A	B	E	O	D	E	K	Ł	X	A	K	K	K	N
D	Ł	E	B	A	W	A	R	T	Q	T	Ż	B	K	L	O
Ł	D	Z	T	I	O	G	R	O	D	Z	E	N	I	E	R
N	M	D	R	L	E	C	S	W	Ó	Ł	U	X	Z	S	O
X	A	S	A	R	A	T	T	E	R	S	E	J	A	C	Ś
I	M	Z	M	S	K	A	A	Z	G	R	T	O	M	C	L
W	Q	E	P	P	W	I	W	R	O	Q	F	Y	Y	A	J
A	I	J	O	F	A	W	J	D	A	P	D	T	O	B	E
J	S	D	L	D	Ł	K	A	Z	R	K	G	S	N	L	H
I	G	K	I	N	W	A	R	T	P	X	D	A	Y	F	N
P	R	A	N	U	N	M	D	B	L	H	N	W	Ą	Ż	W
N	N	W	A	R	E	A	T	A	P	O	Ł	H	S	D	T
I	Q	K	V	W	T	H	Q	D	P	Y	A	C	J	A	D

DRZEWO
ŁAWKA
KRZAK
OGRODZENIE
STAW
KWIAT
GARAŻ
HAMAK
TRAWA
OGRÓD
CHWASTY
ŁOPATA
TRAWNIK
GRABIE
GLEBA
TARAS
TRAMPOLINA
WĄŻ
SAD
WINOROŚL

64 - Santé et Bien Être #1

G	F	R	W	S	X	A	I	P	A	R	E	T	P	M	Q
C	G	J	S	S	N	P	C	N	I	O	A	C	Y	E	T
A	A	G	H	K	W	T	K	Q	J	F	Z	S	S	D	T
A	K	G	E	Ó	N	E	M	I	Ę	Ś	N	I	E	Y	W
G	I	T	L	R	Z	K	U	C	O	C	A	N	W	C	Y
T	N	F	Y	A	F	A	N	Ś	Y	F	V	P	D	Y	D
W	I	J	K	W	Y	I	S	O	F	Q	J	N	G	N	Z
Y	L	H	Ł	V	N	G	F	K	X	G	X	H	E	A	Ł
S	K	A	L	E	R	Y	G	X	Y	P	Y	C	L	O	A
O	D	N	K	Q	U	A	Z	Ł	K	L	U	U	Ł	R	M
K	V	Ł	P	T	N	V	Ł	Q	Ó	S	U	R	I	W	A
O	Y	B	A	K	T	E	R	I	A	D	G	D	F	M	N
Ś	A	W	A	T	S	O	P	H	O	R	M	O	N	Y	I
Ć	Z	R	A	K	E	L	L	E	C	Z	E	N	I	E	E
P	U	M	Z	N	I	I	E	G	T	G	H	R	T	S	X
G	E	B	F	H	Y	W	P	G	U	Q	E	P	P	R	K

AKTYWNY
BAKTERIA
KLINIKA
GŁÓD
ZŁAMANIE
NAWYK
WYSOKOŚĆ
HORMONY
LEKARZ
MEDYCYNA
MIĘŚNIE
KOŚCI
SKÓRA
APTEKA
POSTAWA
RELAKS
ODRUCH
TERAPIA
LECZENIE
WIRUS

65 - Barbecues

B	G	S	J	S	O	S	S	G	C	R	S	X	Z	P	W
Q	Ł	K	M	Ó	G	N	U	A	K	Y	Z	U	M	I	I
F	R	W	E	L	U	B	E	C	Ł	Z	L	T	B	E	D
S	T	O	X	N	R	P	Ł	O	K	A	H	L	X	P	E
I	R	X	D	Ó	Ł	G	H	W	K	S	T	B	L	R	L
R	Ł	F	J	Z	V	L	J	O	Y	C	L	K	L	Z	C
Y	R	R	A	P	I	C	E	I	Z	D	A	A	I	G	E
B	V	O	C	N	V	N	Ł	H	B	I	T	V	R	R	E
K	K	Q	K	X	C	Z	A	K	Y	G	O	Q	G	Y	Y
W	U	W	A	R	Z	Y	W	A	U	M	J	Q	G	U	N
Z	R	R	O	B	I	A	D	V	F	X	R	H	E	N	B
M	M	I	C	P	O	M	I	D	O	R	Y	H	V	O	F
R	U	L	U	Z	D	C	F	U	W	F	K	T	U	Ż	F
A	O	E	V	J	A	X	H	E	I	E	M	Y	B	E	S
G	O	R	Ą	C	Y	K	K	I	H	Q	W	Q	J	A	Y
Y	U	U	L	H	K	D	W	X	Z	C	T	A	Z	A	Q

GORĄCY
NOŻE
OBIAD
DZIECI
LATO
GŁÓD
RODZINA
WIDELCE
OWOC
GRILL
GRY
WARZYWA
MUZYKA
CEBULE
PIEPRZ
KURCZAK
SAŁATKI
SOS
SÓL
POMIDORY

66 - Ferme #1

P	G	M	M	J	C	K	A	Z	C	R	U	K	P	F	N
S	F	S	I	U	U	O	W	T	C	I	N	L	O	R	A
Z	J	F	Ó	Ł	T	T	K	R	O	W	A	O	X	Ś	W
C	B	A	D	O	W	I	L	X	S	L	C	A	Z	W	Ó
Z	M	Z	N	O	N	N	T	Q	I	Ę	L	Q	G	I	Z
O	V	O	Y	O	S	R	H	P	O	L	E	Y	Q	N	B
Ł	B	K	Ż	Y	R	I	K	B	O	E	I	R	A	I	Y
A	K	Z	U	D	E	W	O	Ł	S	I	N	Q	B	A	Y
X	O	G	O	L	N	X	G	Ł	S	C	E	F	M	F	G
S	I	A	N	O	I	A	Z	Ł	C	T	Z	K	J	X	V
P	I	E	S	V	Y	Q	Ł	J	Q	B	D	O	D	E	S
O	D	S	R	L	T	C	I	U	H	V	O	Ń	O	O	G
S	Y	J	K	V	Z	O	F	B	X	O	R	H	M	D	M
Z	U	R	C	F	S	G	C	T	F	S	G	V	R	A	Ł
D	Y	M	P	T	Ł	D	M	D	O	K	O	P	K	W	O
M	N	C	B	Y	Z	P	H	G	Q	I	L	O	G	P	Z

PSZCZOŁA
ROLNICTWO
OSIOŁ
BIZON
POLE
KOT
KOŃ
KOZA
PIES
OGRODZENIE
ŚWINIA
WRONA
WODA
NAWÓZ
SIANO
MIÓD
KURCZAK
RYŻ
KROWA
CIELĘ

67 - Café

P	Ć	N	A	P	Ó	J	W	C	E	S	R	Q	I	C	P
H	I	R	P	O	Q	D	W	Y	P	R	A	B	B	Z	E
T	L	E	R	O	V	R	O	S	G	T	N	Z	C	A	F
D	E	I	C	A	C	Q	D	X	P	G	O	A	A	R	I
W	I	K	O	Z	S	H	A	N	F	H	E	P	R	N	L
Q	M	U	Q	Q	O	C	O	Q	H	P	C	B	O	Y	T
C	E	C	O	T	G	N	V	D	I	O	D	U	M	C	R
M	R	I	O	Q	E	G	Y	S	Z	K	S	U	A	O	A
A	K	N	A	Ż	I	L	I	F	C	E	W	C	T	F	L
N	A	R	N	W	W	S	I	A	Y	L	N	A	N	E	C
I	M	T	A	W	C	I	E	C	Z	M	L	I	Ś	P	Ł
E	S	F	I	Y	W	Ł	S	C	K	M	O	K	E	N	Ł
F	D	R	M	G	X	E	D	A	M	N	V	Z	P	P	Y
O	Q	E	D	G	G	W	M	B	G	W	Y	R	Q	O	B
K	J	I	O	I	S	V	Ł	G	Q	M	T	O	I	I	A
H	W	G	O	V	G	B	P	U	K	B	I	G	F	X	W

KWAŚNY
GORZKI
AROMAT
NAPÓJ
KOFEINA
KREM
WODA
FILTR
MLEKO
CIECZ
RANO
MIELIĆ
CZARNY
POCHODZENIE
CENA
PIECZONY
SMAK
CUKIER
FILIŻANKA
ODMIANA

68 - Antarctique

M	A	A	F	Ł	K	W	H	G	P	A	R	V	N	L	Ś
I	I	W	U	L	Z	I	H	M	L	R	W	Z	M	N	R
G	F	D	Y	Ł	A	R	E	N	I	M	P	A	D	Ł	O
R	A	E	B	P	O	T	N	E	N	Y	T	N	O	K	D
A	R	W	Y	Ł	R	C	W	F	Y	P	A	D	O	W	O
C	G	F	R	F	E	A	H	H	I	S	K	T	Ó	H	W
J	O	Ł	O	O	W	M	W	R	J	Y	I	E	G	L	I
A	P	P	L	K	P	U	C	A	O	W	Z	M	E	F	S
B	O	E	E	C	W	O	D	O	L	N	C	P	O	N	K
Y	T	S	I	L	A	K	S	Z	E	C	A	E	G	U	O
U	Z	Y	W	W	K	Y	G	O	U	J	D	R	R	H	S
E	I	W	M	N	O	B	D	K	M	M	A	A	A	E	P
D	M	Ł	Y	B	T	N	W	R	X	X	B	T	F	S	C
L	Z	Ó	I	O	A	A	P	K	Q	C	U	U	I	S	O
X	E	P	M	O	Z	A	B	Q	W	V	A	R	A	E	U
N	A	U	K	O	W	Y	Y	X	X	N	T	A	N	X	J

ZATOKA
WIELORYBY
BADACZ
OCHRONA
KONTYNENT
WODA
ŚRODOWISKO
WYPRAWA
GEOGRAFIA
LÓD
LODOWCE
WYSPY
MIGRACJA
MINERAŁY
PTAKI
PÓŁWYSEP
SKALISTY
NAUKOWY
TEMPERATURA
TOPOGRAFIA

69 - Professions #2

B	C	F	O	I	O	C	U	Z	P	Z	L	R	W	E	B
I	Q	I	M	L	Z	G	Z	K	L	R	S	Z	J	L	A
B	C	L	N	U	G	S	R	Y	Ł	A	N	O	L	I	D
L	C	O	P	S	Z	H	A	O	S	K	S	O	L	Z	A
I	H	Z	O	T	C	K	K	E	D	I	U	L	Ł	E	C
O	I	O	D	R	S	G	E	U	Y	N	N	O	D	H	Z
T	R	F	D	A	S	W	L	X	J	N	I	G	F	H	X
E	U	T	E	T	C	J	E	H	G	E	F	K	O	B	D
K	R	H	E	O	I	N	Ż	Y	N	I	E	R	T	I	E
A	G	Ł	D	R	D	Y	O	C	G	Z	E	P	O	O	T
R	M	A	L	A	R	Z	J	G	V	D	N	I	G	L	E
Z	A	S	T	R	O	N	A	U	T	A	M	L	R	O	K
J	Ę	Z	Y	K	O	Z	N	A	W	C	A	O	A	G	T
S	V	D	E	N	T	Y	S	T	A	I	T	T	F	D	Y
N	A	U	C	Z	Y	C	I	E	L	L	Q	T	E	N	W
W	Y	N	A	L	A	Z	C	A	E	Q	V	J	J	H	S

ASTRONAUTA
BIBLIOTEKARZ
BIOLOG
BADACZ
CHIRURG
DENTYSTA
DETEKTYW
NAUCZYCIEL
ILUSTRATOR
INŻYNIER
WYNALAZCA
OGRODNIK
DZIENNIKARZ
JĘZYKOZNAWCA
LEKARZ
MALARZ
FILOZOF
FOTOGRAF
PILOT
ZOOLOG

70 - Les Abeilles

K	J	M	U	B	K	Y	I	L	X	D	M	Q	N	V	R
P	W	E	X	Ć	K	C	P	W	A	C	A	Z	R	R	N
Y	N	I	L	Ś	O	R	R	P	S	D	Ł	F	P	Ó	E
O	L	X	T	O	Y	B	Y	H	J	G	D	N	E	Ż	Y
R	Ó	J	H	N	R	K	T	X	E	D	Y	M	V	N	Q
Y	X	C	K	W	Ą	X	A	N	C	A	Z	N	N	O	W
N	U	G	R	Y	H	Ć	I	E	Ń	W	R	V	R	R	C
T	J	B	E	Ż	G	Y	W	L	O	O	K	C	T	O	V
S	I	E	D	L	I	S	K	O	Ł	G	S	P	U	D	O
Y	W	P	Y	Ł	E	K	H	O	S	D	R	X	T	N	W
Z	O	K	R	Ó	L	O	W	A	U	P	Y	Ó	I	O	O
R	S	E	I	M	D	X	Y	Z	X	L	E	K	D	Ś	C
O	K	E	K	O	S	Y	S	T	E	M	W	J	E	Ć	Ł
K	O	W	T	S	C	L	B	V	Y	V	F	C	G	E	U
R	M	I	Ó	D	Q	E	Y	Q	L	P	G	Y	M	U	W
O	Ł	O	K	R	P	W	V	E	K	D	X	G	E	E	M

SKRZYDŁA
KORZYSTNY
WOSK
RÓŻNORODNOŚĆ
RÓJ
EKOSYSTEM
KWITNĄĆ
KWIATY
OWOC
DYM
SIEDLISKO
OWAD
OGRÓD
MIÓD
ŻYWNOŚĆ
ROŚLINY
PYŁEK
KRÓLOWA
UL
SŁOŃCE

71 - Santé et Bien Être #2

E	V	O	K	R	E	W	A	N	I	M	A	T	I	W	A
O	N	P	D	Z	S	W	J	D	Q	S	P	W	U	U	Z
T	I	E	M	W	O	M	W	A	G	A	E	G	A	V	N
C	S	G	R	W	O	H	N	D	B	V	T	E	I	W	I
J	V	Q	A	G	X	D	C	R	G	Q	Y	N	N	J	Q
C	T	P	T	H	I	Ż	N	R	V	P	T	E	F	A	K
V	H	V	D	Q	H	A	D	I	F	T	Q	T	E	N	H
F	W	O	V	Ł	T	S	I	S	E	D	Y	Y	K	A	I
A	I	G	R	E	L	A	E	T	Q	N	Z	K	C	T	G
Y	X	P	H	O	F	M	T	R	W	S	I	A	J	O	I
Z	E	S	V	Z	B	Z	A	E	V	Z	Y	E	A	M	E
D	K	W	W	I	F	A	I	S	A	P	O	E	S	I	N
O	D	Ż	Y	W	I	A	N	I	E	I	B	H	X	A	A
Y	K	A	L	O	R	I	A	K	T	T	C	I	A	Ł	O
B	B	Z	D	R	O	W	Y	U	J	A	Z	V	R	Ł	E
X	R	L	J	R	J	F	V	X	F	L	X	E	T	Z	V

ALERGIA
ANATOMIA
APETYT
KALORIA
CIAŁO
ODWODNIENIE
DIETA
ENERGIA
GENETYKA
SZPITAL
HIGIENA
INFEKCJA
CHOROBA
MASAŻ
ODŻYWIANIE
WAGA
ZDROWY
KREW
STRES
WITAMINA

72 - Conduite

P	A	L	I	W	O	Q	W	I	T	Ł	O	G	D	I	W
S	C	G	G	R	T	Y	F	B	R	K	F	F	A	R	Y
A	P	I	O	L	I	W	Q	N	A	P	A	M	Ł	Z	P
M	V	Z	Ę	R	Z	O	Q	S	N	Y	K	G	H	R	A
O	Ł	H	Q	Ż	D	G	Y	Z	S	E	I	P	A	R	D
C	W	B	B	A	A	O	V	S	P	M	N	T	M	V	E
H	B	G	U	R	J	R	B	U	O	M	L	E	U	L	K
Ó	W	V	V	A	C	D	Ó	A	R	R	I	U	L	W	Z
D	A	A	M	G	I	H	P	W	T	M	S	D	C	P	D
P	Z	J	F	U	L	C	Ł	A	K	A	F	G	E	R	T
Y	K	C	O	P	O	U	C	U	O	A	E	A	L	Ę	E
N	Q	N	L	H	P	R	U	T	D	Q	Z	T	W	D	J
L	V	E	L	L	K	Y	C	O	T	O	M	U	V	K	B
Z	Y	C	J	D	L	N	M	B	L	E	O	N	F	O	O
K	Ł	I	U	U	O	L	Z	U	U	A	N	E	O	Ś	I
U	U	L	I	C	A	O	Z	S	Ł	S	M	L	B	Ć	I

WYPADEK
AUTOBUS
CIĘŻARÓWKA
PALIWO
MAPA
HAMULCE
GARAŻ
GAZ
LICENCJA
SILNIK
MOTOCYKL
PIESZY
POLICJA
DROGA
ULICA
RUCH DROGOWY
TRANSPORT
TUNEL
PRĘDKOŚĆ
SAMOCHÓD

73 - Plantes

R	O	Ś	L	I	N	N	O	Ś	Ć	R	R	J	M	B	S
B	V	Y	F	X	E	L	S	U	B	M	A	B	G	U	J
Z	X	Y	I	Z	T	K	U	Ł	U	N	U	U	V	B	Z
U	N	W	I	J	B	O	T	A	N	I	K	A	K	I	S
A	P	E	Ł	A	O	W	K	W	D	C	E	D	W	O	W
M	J	F	Z	L	L	E	A	A	Ł	Ś	T	O	I	T	X
K	R	Z	A	K	L	Z	K	R	B	I	A	G	A	T	C
F	O	V	D	X	H	R	L	T	I	L	Ł	A	T	R	M
J	H	G	C	O	Ł	D	Ó	R	Ź	H	P	J	O	B	R
L	J	G	R	Z	Ł	Z	C	T	E	Q	A	Y	F	R	O
Z	A	Z	Ł	Ó	Y	C	N	E	X	W	T	M	Ł	L	S
C	L	S	H	Ł	D	Z	I	A	D	V	Z	M	R	M	N
Q	O	G	B	G	A	S	S	A	W	Q	G	E	Z	J	Ą
N	S	X	Y	Z	C	U	N	L	P	Ó	R	C	A	Y	Ć
K	A	Y	O	R	F	L	O	R	A	M	Z	H	K	C	E
X	F	I	A	P	W	B	T	K	Y	R	H	F	U	Ł	E

DRZEWO
JAGODA
BAMBUS
BOTANIKA
KRZAK
KAKTUS
NAWÓZ
LIŚCI
KWIAT
FLORA
LAS
ROSNĄĆ
FASOLA
TRAWA
OGRÓD
BLUSZCZ
MECH
PŁATEK
ŹRÓDŁO
ROŚLINNOŚĆ

74 - Ferme #2

C	X	O	S	V	B	G	K	S	R	U	P	Z	I	I	Ż
L	A	M	A	R	O	Ń	A	C	Ł	T	J	C	I	Y	Y
M	X	Ł	O	O	E	E	C	W	O	K	E	L	M	E	W
Ł	S	S	Q	L	B	I	Z	R	E	T	S	A	P	I	N
Q	Ą	M	V	N	A	M	K	K	S	S	C	K	L	N	O
M	N	K	X	I	Ł	Z	A	S	T	O	D	O	Ł	A	Ś
O	Ł	K	A	K	Ł	C	D	I	Ą	L	A	C	I	I	Ć
L	G	Z	Ę	F	S	Ę	K	Y	Z	P	S	B	E	N	Q
D	T	D	I	C	Y	J	I	H	R	Y	X	W	K	D	W
I	J	B	N	L	Y	D	V	L	E	U	C	E	P	A	W
C	I	Ą	G	N	I	K	B	X	I	X	K	G	V	W	N
I	O	W	A	R	Z	Y	W	O	W	S	F	U	C	A	N
E	A	W	J	H	G	L	E	M	Z	N	F	H	K	N	S
E	L	I	O	M	W	P	U	Ł	M	W	L	M	H	U	Ł
K	Y	Y	S	B	H	T	P	S	Z	E	N	I	C	A	U
T	M	Z	J	R	U	J	I	I	S	F	A	S	U	E	L

JAGNIĘ
ROLNIK
ZWIERZĄT
PASTERZ
PSZENICA
KACZKA
OWOC
STODOŁA
NAWADNIANIE
MLEKO
LAMA
WARZYWO
KUKURYDZA
OWCE
ŻYWNOŚĆ
JĘCZMIEŃ
ŁĄKA
UL
CIĄGNIK
SAD

75 - Vacances #2

T	K	W	D	S	Z	P	L	M	U	I	T	Y	B	F	B
R	E	I	B	S	D	O	O	S	O	O	P	A	P	A	M
A	M	Z	Z	G	J	D	T	W	N	R	T	V	X	N	O
N	P	A	D	G	Ę	R	N	K	P	Ł	Z	N	O	I	Q
S	I	Ż	G	E	C	Ó	I	Y	Q	S	L	E	T	O	H
P	N	A	W	F	I	Ż	S	W	O	X	A	J	C	T	G
O	G	L	R	Y	A	I	K	Y	G	N	A	C	K	O	R
R	E	P	C	I	P	G	O	S	E	J	C	A	K	A	W
T	U	Z	V	A	P	O	W	P	C	C	S	W	P	F	N
N	A	M	I	O	T	N	C	A	Q	M	F	R	A	N	Ł
P	O	C	I	Ą	G	B	I	Z	I	M	H	E	S	B	Q
D	Z	K	J	V	U	R	X	N	Y	L	A	Z	Z	R	J
Ł	C	C	D	A	Q	Y	J	L	E	N	U	E	P	G	Z
E	T	A	J	C	A	R	U	A	T	S	E	R	O	P	D
C	U	D	Z	O	Z	I	E	M	I	E	C	K	R	I	V
K	Z	I	M	K	W	R	H	O	K	V	Y	N	T	K	E

LOTNISKO
KEMPING
MAPA
CUDZOZIEMIEC
HOTEL
WYSPA
WYPOCZYNEK
MORZE
PASZPORT
ZDJĘCIA
PLAŻA
RESTAURACJA
REZERWACJE
TAXI
NAMIOT
POCIĄG
TRANSPORT
WAKACJE
WIZA
PODRÓŻ

76 - Temps

P	R	A	G	E	Z	M	I	N	U	T	A	U	U	G	X
K	R	O	P	V	I	L	L	M	Y	U	N	K	R	Q	U
K	B	Z	C	E	E	P	C	N	J	G	L	F	D	L	U
L	Y	J	Y	Z	A	R	E	T	R	R	L	R	R	S	G
G	Y	H	P	S	N	B	E	G	L	D	X	H	A	N	I
D	Ł	K	O	L	Z	E	I	N	D	U	Ł	O	P	N	Z
J	U	A	N	L	R	Ł	D	T	C	I	T	M	H	V	O
Y	L	N	B	J	A	R	O	Z	C	W	Y	O	Q	W	M
W	Z	I	Ń	C	D	R	D	Ś	D	F	D	Z	P	R	I
P	R	Z	E	D	N	I	Y	Y	Ć	N	Z	N	V	C	E
B	Y	D	I	L	E	C	H	H	N	O	I	N	O	C	S
Z	P	O	Z	D	L	N	S	R	F	I	E	C	Y	L	I
B	R	G	D	F	A	D	A	K	E	D	Ń	U	P	A	Ą
S	I	P	M	B	K	W	K	R	Ó	T	C	E	S	U	C
B	B	V	S	Y	O	S	T	U	L	E	C	I	E	A	F
O	O	N	X	S	R	F	F	F	D	N	S	Ł	R	Z	O

ROK
ROCZNE
PO
PRZED
WKRÓTCE
KALENDARZ
DEKADA
PRZYSZŁOŚĆ
GODZINA
WCZORAJ
ZEGAR
DZIEŃ
TERAZ
RANO
POŁUDNIE
MINUTA
MIESIĄC
NOC
TYDZIEŃ
STULECIE

77 - Maison

K	Ś	E	T	M	M	Z	S	V	H	Ł	B	L	D	C	D
L	C	L	K	L	Ż	A	R	A	G	D	I	U	O	D	Y
U	I	K	W	D	N	S	Y	J	U	U	B	S	Y	M	R
C	A	V	K	A	Ł	Ł	F	Ó	U	H	L	T	Ł	O	R
Z	N	E	U	P	U	O	N	K	O	O	I	R	A	T	J
E	A	M	C	H	N	N	F	O	I	G	O	O	Ł	Ł	A
J	U	H	H	R	A	Y	S	P	Q	R	T	I	F	U	S
W	T	J	N	S	O	L	M	T	Q	Ó	E	D	A	C	H
K	L	G	I	C	D	U	C	I	R	D	K	U	L	W	D
N	S	R	A	P	E	K	I	O	O	Y	A	X	A	C	Y
O	G	R	O	D	Z	E	N	I	E	T	C	F	M	O	W
E	H	D	K	Z	X	N	Z	N	D	D	Ł	H	P	E	A
J	U	S	Ł	F	M	I	S	V	I	T	R	A	A	H	N
E	Z	M	M	C	W	M	Y	L	N	A	U	Z	W	B	I
Z	O	Q	M	Q	D	O	R	A	C	O	V	P	W	Q	J
Y	P	B	D	M	L	K	P	E	B	C	N	X	P	I	C

MIOTŁA
BIBLIOTEKA
POKÓJ
KOMINEK
KLUCZE
OGRODZENIE
KUCHNIA
PRYSZNIC
OKNO
GARAŻ
STRYCH
OGRÓD
LAMPA
LUSTRO
ŚCIANA
SUFIT
DRZWI
ZASŁONY
DYWAN
DACH

78 - Légumes

B	T	O	V	X	T	P	H	Ł	L	S	Y	U	J	R	W
K	A	N	I	P	Z	S	I	K	E	R	Ó	G	O	Z	X
S	K	K	O	M	Ł	T	H	E	T	Ł	O	W	E	E	A
Z	W	W	Ł	G	W	Q	L	N	T	Y	G	L	U	P	V
A	E	P	P	A	S	C	S	S	F	R	B	I	H	A	B
L	H	D	V	T	Ż	Ł	L	O	N	E	U	I	C	U	L
O	C	R	Y	T	K	A	Z	Z	E	L	T	S	O	T	H
T	R	Z	Ł	N	X	K	N	C	E	E	B	Y	Z	R	G
K	A	O	U	C	I	T	K	M	R	S	V	K	C	K	W
A	M	D	K	Q	V	A	G	R	O	C	H	J	R	X	A
L	T	K	O	A	N	Ł	U	P	D	Ł	Q	E	A	C	G
U	N	I	R	P	H	A	O	L	I	W	A	P	K	C	J
B	Q	E	B	B	T	S	H	H	M	U	S	N	E	P	B
E	U	W	Y	X	O	N	M	A	O	A	I	M	B	I	R
C	I	K	M	R	T	Ł	B	O	P	K	G	A	I	C	X
C	P	A	U	L	E	Z	A	F	R	V	P	D	G	Ł	W

CZOSNEK
KARCZOCH
BAKŁAŻAN
BROKUŁY
MARCHEWKA
SELER
GRZYB
DYNIA
OGÓREK
SZALOTKA
SZPINAK
IMBIR
RZEPA
CEBULA
OLIWA
PIETRUSZKA
GROCH
RZODKIEWKA
SAŁATKA
POMIDOR

79 - Famille

C	I	O	T	K	A	D	V	Y	Ż	Ą	M	T	O	Q	C
U	W	M	T	T	F	T	P	W	O	B	D	M	W	F	X
P	Y	L	L	X	D	Y	E	R	N	K	G	L	T	B	R
S	R	M	F	R	B	R	A	T	A	E	C	P	S	U	Y
I	P	Z	A	R	B	S	I	U	E	D	E	E	Ń	N	Z
O	B	Y	O	T	D	W	C	Q	B	A	I	X	I	Y	Z
S	D	N	P	D	K	F	B	U	U	I	C	S	C	Z	N
T	A	L	L	Ł	E	A	A	Q	I	Z	J	D	E	U	D
R	Z	D	J	D	T	K	B	F	I	D	O	W	I	K	E
Z	Q	F	Ł	L	E	Y	B	T	B	O	J	U	Z	W	C
E	S	I	S	D	X	C	Ó	R	K	A	C	J	D	F	K
N	T	M	S	S	I	O	S	T	R	A	O	E	L	Ł	W
I	C	E	I	Z	D	W	X	T	Z	Y	W	K	E	L	Q
C	J	C	D	T	R	L	S	M	S	G	S	Q	N	S	P
A	V	P	J	I	U	R	C	V	E	W	K	D	S	Y	B
B	R	A	T	A	N	E	K	A	S	Z	I	X	P	T	Y

PRZODEK
KUZYN
DZIECIŃSTWO
DZIECKO
DZIECI
ŻONA
CÓRKA
BRAT
BABCIA
DZIADEK
MĄŻ
MATKA
BRATANEK
SIOSTRZENICA
WUJEK
OJCOWSKI
OJCIEC
SIOSTRA
CIOTKA

80 - Oiseaux

B	C	Z	O	Q	J	V	S	W	G	B	B	I	B	E	J
O	F	S	Y	S	A	W	E	M	A	X	O	F	K	U	L
L	C	E	Y	A	J	N	A	N	O	R	W	C	I	H	Ł
V	W	G	T	I	K	S	L	P	K	N	X	G	I	L	Q
I	X	A	V	A	O	T	P	E	L	I	K	A	N	A	G
M	Y	E	S	S	Q	R	A	Ł	O	I	B	G	A	K	N
N	X	E	L	G	V	U	Z	Q	Ł	Q	W	M	K	Ł	I
O	R	Z	E	Ł	V	Ś	C	T	N	J	D	E	U	U	M
P	A	F	B	A	N	Ę	M	M	R	B	S	U	T	K	A
A	N	T	Ó	Z	G	G	Ł	K	A	C	Z	K	A	U	L
P	C	M	R	J	N	I	W	G	N	I	P	D	Ł	K	F
U	V	I	W	B	X	Ł	H	L	O	E	B	P	A	I	I
G	Y	S	S	Z	G	V	G	Z	F	Ł	P	W	B	Q	N
A	K	U	R	C	Z	A	K	Y	R	F	Ą	Ł	Ę	N	G
N	M	J	D	N	M	Q	X	G	Ł	D	H	B	D	O	C
Y	R	Z	C	M	B	R	Q	H	Ł	R	G	F	Ź	Y	G

ORZEŁ
STRUŚ
KACZKA
BOCIAN
GOŁĄB
WRONA
KUKUŁKA
ŁABĘDŹ
FLAMING
CZAPLA
PINGWIN
WRÓBEL
MEWA
JAJKO
GĘŚ
PAW
PAPUGA
PELIKAN
KURCZAK
TUKAN

81 - Disciplines Scientifiques

A	Y	A	M	N	R	I	J	S	J	A	E	X	C	H	X
C	N	R	E	T	F	M	N	O	O	S	K	T	Z	Y	L
Ł	G	C	C	M	L	E	E	C	B	T	O	B	O	A	Q
S	E	H	H	F	N	T	U	J	I	R	L	Q	O	B	E
V	O	E	A	P	M	E	R	O	O	O	O	M	L	U	A
Y	L	O	N	S	Y	O	O	L	L	N	G	O	O	P	I
Z	O	L	I	Y	K	R	L	O	O	O	I	Z	G	I	M
R	G	O	K	C	T	O	O	G	G	M	A	R	I	L	E
O	I	G	A	H	Q	L	G	I	I	I	M	J	A	U	H
B	A	I	Z	O	O	O	I	A	A	A	I	M	E	H	C
O	W	A	X	L	O	G	A	K	I	N	A	T	O	B	O
T	X	X	I	O	A	I	G	O	L	O	N	U	M	M	I
Y	W	C	Z	G	T	A	I	M	O	T	A	N	A	Z	B
K	H	G	V	I	F	I	Z	J	O	L	O	G	I	A	I
A	F	J	A	A	M	I	N	E	R	A	L	O	G	I	A
T	E	R	M	O	D	Y	N	A	M	I	K	A	S	E	O

ANATOMIA
ARCHEOLOGIA
ASTRONOMIA
BIOCHEMIA
BIOLOGIA
BOTANIKA
CHEMIA
EKOLOGIA
GEOLOGIA
IMMUNOLOGIA
MECHANIKA
METEOROLOGIA
MINERALOGIA
NEUROLOGIA
FIZJOLOGIA
PSYCHOLOGIA
ROBOTYKA
SOCJOLOGIA
TERMODYNAMIKA
ZOOLOGIA

82 - Maladie

C	A	L	E	R	G	I	E	S	G	D	W	G	K	B	D
H	V	E	I	N	E	L	A	P	A	Z	I	E	O	R	Z
R	S	X	O	C	J	G	E	Ł	A	I	F	N	Ś	Z	J
O	A	M	P	Y	D	Ł	C	H	I	E	S	E	C	U	C
N	W	F	Ć	Ś	O	N	R	O	P	D	O	T	I	S	N
I	Z	D	R	O	W	I	E	C	A	Z	W	Y	L	Z	M
C	W	Q	Y	E	F	P	S	W	R	I	E	C	O	N	Z
Z	Z	A	S	K	E	C	Q	H	E	C	L	Z	L	Y	A
N	C	F	D	Y	J	Y	T	M	T	Z	L	N	Y	W	R
Y	Z	R	E	P	Ł	U	C	N	Y	N	N	Y	O	O	A
O	D	D	E	C	H	O	W	Y	F	Y	E	Z	B	I	Ź
J	F	V	H	O	Ł	Ó	P	S	E	Z	S	H	D	W	L
G	G	I	M	S	Ł	G	J	G	Ł	I	S	S	J	Ź	I
N	E	U	R	O	P	A	T	I	A	A	T	B	Y	D	W
L	B	H	L	Z	X	Ł	I	M	A	X	B	U	K	Ę	Y
C	S	C	Y	X	V	P	C	C	M	R	S	Y	C	L	A

BRZUSZNY
ALERGIE
WELLNESS
CHRONICZNY
ZARAŹLIWY
CIAŁO
SERCE
SŁABY
GENETYCZNY
DZIEDZICZNY
ODPORNOŚĆ
ZAPALENIE
LĘDŹWIOWY
NEUROPATIA
KOŚCI
PŁUCNY
ODDECHOWY
ZDROWIE
ZESPÓŁ
TERAPIA

83 - Univers

K	W	T	Y	N	Z	C	E	N	O	Ł	S	N	A	P	D
E	O	E	O	N	I	R	H	O	Ł	N	D	Ł	S	R	U
E	C	S	B	A	L	E	P	X	A	Q	W	V	T	Z	Y
I	M	W	M	D	W	O	B	W	F	D	F	L	R	E	J
H	P	B	U	I	M	T	D	I	K	S	T	I	O	S	O
A	V	G	Y	O	C	C	X	N	A	A	W	D	N	I	T
T	T	R	Q	R	V	Z	J	A	K	Ń	V	P	O	L	P
I	C	M	M	E	D	K	N	R	Y	N	S	O	M	E	Ó
B	C	Y	O	T	K	C	Y	Y	T	I	Z	K	R	N	Ł
R	C	J	E	S	M	Z	D	I	K	E	O	S	I	I	K
O	Y	L	T	A	F	Ł	Q	U	A	B	D	E	B	E	U
R	Ó	W	N	I	K	E	S	F	L	O	I	L	Ł	J	L
H	H	R	G	D	H	L	R	T	A	U	A	E	B	G	A
W	I	D	O	C	Z	N	Y	A	G	U	K	T	M	V	O
K	S	I	Ę	Ż	Y	C	Y	C	I	E	M	N	O	Ś	Ć
H	O	R	Y	Z	O	N	T	W	U	Y	N	C	Q	J	Ł

ASTEROIDA
ASTRONOM
ATMOSFERA
NIEBIAŃSKI
NIEBO
KOSMICZNY
EON
RÓWNIK
GALAKTYKA
PÓŁKULA
HORYZONT
KSIĘŻYC
CIEMNOŚĆ
ORBITA
SŁONECZNY
PRZESILENIE
TELESKOP
WIDOCZNY
ZODIAK

84 - Géographie

O	X	V	K	U	M	V	R	R	Z	J	T	H	N	N	L
C	J	H	G	P	O	Q	Q	E	A	Y	A	J	A	N	A
E	X	G	I	N	R	S	R	G	C	Ł	X	A	C	A	J
A	P	S	Y	W	Z	N	P	I	H	R	R	M	D	F	P
N	P	Z	T	I	E	L	Ó	O	Ó	X	X	K	S	V	P
T	O	W	J	A	R	K	Ł	N	D	Ś	W	I	A	T	Ó
M	Ł	C	H	T	B	L	N	H	R	C	G	W	Z	O	Ł
U	U	Z	K	L	Z	E	O	Y	Ó	T	L	M	M	K	K
I	D	I	D	A	Y	L	C	C	W	J	O	Ł	O	O	U
R	N	V	L	S	E	T	N	E	N	Y	T	N	O	K	L
O	I	G	D	K	Ł	D	B	D	I	X	M	H	Ł	D	A
T	K	G	Ó	R	A	Ć	Ś	O	K	O	S	Y	W	K	D
Y	J	N	K	A	Ł	M	A	P	A	M	I	A	S	T	O
R	Z	E	K	A	S	K	S	P	O	Ł	U	D	N	I	E
E	G	A	C	Y	X	N	K	E	U	O	J	X	T	K	M
T	G	Ł	Y	M	E	B	N	R	L	L	J	P	Q	X	Ł

WYSOKOŚĆ
ATLAS
MAPA
KONTYNENT
RÓWNIK
RZEKA
PÓŁKULA
WYSPA
MORZE
POŁUDNIK

ŚWIAT
GÓRA
PÓŁNOC
OCEAN
ZACHÓD
KRAJ
REGION
POŁUDNIE
TERYTORIUM
MIASTO

85 - Danse

E	M	O	C	J	A	W	A	T	S	O	P	R	S	Q	M
O	F	R	R	P	I	P	W	R	O	Z	D	C	R	I	U
B	Ł	Y	T	S	I	Z	A	R	Y	W	U	X	T	X	Z
D	N	J	T	P	V	G	S	Q	A	K	S	A	Ł	H	Y
G	Y	C	N	O	R	P	C	A	I	D	P	E	I	Y	K
I	C	S	O	F	Q	Ó	F	I	M	T	O	E	C	N	A
A	K	U	T	Z	S	R	B	F	E	O	Ł	S	Y	Z	K
R	Y	T	M	T	V	V	N	A	D	S	A	W	N	C	U
U	N	X	G	R	E	N	T	R	A	P	I	W	J	Y	L
T	L	J	U	U	F	M	R	G	K	O	C	N	Y	S	T
L	A	Y	L	U	P	F	R	O	A	O	P	G	C	A	U
U	U	X	D	Y	A	F	L	E	M	N	K	Ł	Y	L	R
K	Z	Z	R	N	D	F	J	R	C	Q	G	S	D	K	A
N	I	U	H	G	G	M	S	O	E	W	O	H	A	J	L
U	W	P	S	H	T	T	N	H	C	U	R	K	R	H	N
W	E	R	Y	K	D	D	N	C	J	E	N	R	T	M	Y

AKADEMIA
SZTUKA
CHOREOGRAFIA
KLASYCZNY
CIAŁO
KULTURA
KULTURALNY
WYRAZISTY
EMOCJA
ŁASKA
RADOSNY
RUCH
MUZYKA
PARTNER
POSTAWA
PRÓBA
RYTM
SKOK
TRADYCYJNY
WIZUALNY

86 - Bâtiments

Q	M	U	I	R	O	T	A	W	R	E	S	B	O	O	S
E	O	N	I	K	B	I	U	N	S	B	O	E	Z	K	K
N	O	I	D	A	T	S	F	S	M	J	W	G	A	G	M
K	M	W	P	P	F	A	B	R	Y	K	A	N	M	N	W
A	W	E	Q	A	A	S	T	O	M	E	O	E	E	X	X
B	R	R	V	R	E	F	Z	G	R	K	Y	R	K	N	K
I	R	S	P	T	W	Y	Y	K	X	C	J	A	A	G	P
N	I	Y	Ż	A	R	A	G	K	O	P	I	D	X	V	Z
A	C	T	W	M	G	E	W	I	A	Ł	O	D	O	T	S
T	R	E	Q	E	J	I	A	D	A	S	A	B	M	A	R
Y	P	T	E	N	E	B	X	S	M	Y	M	U	G	H	F
Z	S	L	A	T	I	P	Z	S	N	U	R	D	P	K	B
S	H	O	T	E	L	L	F	Q	V	K	Z	D	S	K	S
D	D	S	H	D	T	E	K	R	A	M	R	E	P	U	S
L	A	B	O	R	A	T	O	R	I	U	M	U	U	X	B
W	I	E	Ż	A	A	P	O	N	A	M	I	O	T	M	S

AMBASADA
APARTAMENT
KABINA
ZAMEK
KINO
SZKOŁA
GARAŻ
STODOŁA
SZPITAL
HOTEL
LABORATORIUM
MUZEUM
OBSERWATORIUM
STADION
SUPERMARKET
NAMIOT
TEATR
WIEŻA
UNIWERSYTET
FABRYKA

87 - Activités et Loisirs

O	G	R	O	D	N	I	C	T	W	O	W	P	X	N	B
D	M	B	G	W	A	K	U	T	Z	S	Y	Ł	G	I	A
W	Ę	D	R	Ó	W	K	I	D	U	K	Ś	Y	E	N	S
K	X	N	V	H	O	L	W	Ż	B	O	C	W	O	Y	E
J	O	W	U	X	X	Q	H	Ó	R	B	I	A	O	M	B
D	L	S	Y	R	M	F	M	R	K	Q	G	N	M	G	A
Q	R	W	Z	A	K	L	P	D	G	T	I	I	C	P	L
F	G	D	N	Y	P	O	K	O	Ł	V	A	E	A	M	L
H	O	B	B	Y	K	G	W	P	I	S	Z	I	G	A	F
T	E	N	I	S	Y	Ó	A	A	L	Y	V	S	S	L	Y
K	E	M	P	I	N	G	W	J	N	R	Z	M	H	A	O
Ł	T	R	G	L	G	C	I	K	K	I	C	Z	V	R	Y
S	U	R	F	I	N	G	Z	Y	A	N	E	K	E	S	K
P	I	Ł	K	A	N	O	Ż	N	A	D	I	J	R	T	X
W	Ę	D	K	A	R	S	T	W	O	U	G	X	U	W	X
O	D	P	R	Ę	Ż	A	J	Ą	C	Y	X	X	F	O	W

SZTUKA
BASEBALL
KOSZYKÓWKA
BOKS
KEMPING
WYŚCIGI
PIŁKA NOŻNA
GOLF
OGRODNICTWO
PŁYWANIE

HOBBY
MALARSTWO
WĘDKARSTWO
NURKOWANIE
WĘDRÓWKI
ODPRĘŻAJĄCY
SURFING
TENIS
SIATKÓWKA
PODRÓŻ

88 - Livres

P	R	I	W	Z	C	A	K	C	P	L	I	Y	J	D	N
D	O	F	L	Y	M	W	C	E	O	E	P	I	C	K	I
U	T	W	T	Y	N	Z	D	I	E	N	T	O	T	S	I
A	U	O	I	O	Ł	A	Y	N	Z	C	I	G	A	R	T
L	A	G	K	E	N	P	L	Q	J	M	T	M	E	H	H
I	I	S	C	Ł	Ś	C	T	A	A	N	O	R	T	S	I
Z	R	B	A	Z	C	Ć	S	I	Z	A	T	Z	N	Ł	S
M	O	P	R	S	Ł	T	Y	R	N	C	S	I	X	L	T
J	T	A	E	A	Z	V	Y	E	H	G	Z	P	J	C	O
M	S	H	T	G	J	D	B	S	J	T	S	Y	R	P	R
V	I	Y	I	L	X	C	O	F	F	U	R	H	Q	A	Y
U	H	B	L	T	V	T	K	O	N	T	E	K	S	T	C
N	A	R	R	A	T	O	R	E	G	W	I	I	H	H	Z
C	Z	Y	T	E	L	N	I	K	L	W	W	Ł	Ł	B	N
H	Y	N	Z	C	Y	T	S	Y	R	O	M	U	H	T	Y
P	R	Z	Y	G	O	D	A	I	A	J	K	H	T	D	W

AUTOR
PRZYGODA
KOLEKCJA
KONTEKST
DUALIZM
EPICKI
HISTORIA
HISTORYCZNY
HUMORYSTYCZNY
WYNALAZCZY
CZYTELNIK
LITERACKI
NARRATOR
STRONA
ISTOTNE
WIERSZ
POEZJA
POWIEŚĆ
SERIA
TRAGICZNY

89 - Pays #2

I	E	G	K	Z	W	Y	R	Q	Ł	Ł	Q	Q	U	A	Q
M	N	A	T	S	I	K	A	P	C	T	H	A	I	T	I
K	U	D	S	P	Y	A	K	B	S	Q	X	I	G	Ł	P
F	L	U	O	Y	P	C	J	U	O	F	Q	L	C	S	I
I	M	C	A	N	R	A	A	K	E	N	I	A	S	U	L
U	R	B	L	I	E	I	M	G	V	A	F	M	R	D	C
K	E	L	O	H	Q	Z	A	Y	E	B	T	O	G	A	U
R	U	I	A	C	B	B	J	E	Y	I	A	S	E	N	W
A	Ł	A	I	N	A	B	L	A	I	L	D	A	N	I	A
I	W	B	N	H	D	Y	D	J	U	G	A	N	D	A	Ł
N	V	Ł	O	E	Ł	I	C	C	C	K	J	K	K	J	C
A	R	H	P	M	Y	M	A	N	Ł	B	V	Y	Y	U	H
J	Z	M	A	H	H	U	Q	A	H	R	O	S	J	A	R
T	J	C	J	E	G	A	S	R	O	S	M	K	J	D	H
W	F	F	H	P	O	S	I	F	Y	E	P	E	Ł	O	O
U	Y	Y	S	V	R	E	Q	W	K	D	N	M	N	S	G

ALBANIA
CHINY
DANIA
FRANCJA
HAITI
INDONEZJA
IRLANDIA
JAMAJKA
JAPONIA
KENIA
LAOS
LIBAN
MEKSYK
UGANDA
PAKISTAN
ROSJA
SOMALIA
SUDAN
SYRIA
UKRAINA

90 - Fournitures d'Art

S	S	K	A	M	E	R	A	B	K	G	A	O	A	K	A
R	Q	Ł	V	X	G	L	F	X	L	Ł	K	Ł	S	E	K
Ł	Q	D	C	Z	Ł	C	Y	G	D	V	R	Ó	T	U	W
Y	J	H	J	A	C	D	C	Y	I	D	Y	W	Ó	T	A
K	R	E	A	T	Y	W	N	O	Ś	Ć	L	K	Ł	B	R
K	E	L	L	E	R	A	D	F	Ł	A	E	I	W	F	E
Y	I	E	Q	K	O	K	R	Y	Ł	S	Y	M	O	P	L
G	P	T	Z	W	L	O	L	E	J	W	E	A	Y	X	E
U	A	S	P	O	O	F	C	Q	P	K	Ł	Z	B	T	I
M	P	A	E	D	K	Q	Y	C	O	A	K	O	R	L	B
K	Z	P	C	A	S	Z	T	A	L	U	G	A	A	K	F
A	G	E	Y	E	Q	D	J	S	S	P	E	E	F	B	Y
L	E	L	Z	D	Ę	P	I	F	J	Z	X	P	U	H	G
X	E	P	I	U	V	O	F	X	I	G	S	G	F	R	C
O	O	Z	T	N	E	M	A	R	T	A	R	Q	R	K	U
S	Q	L	G	K	A	W	A	Z	I	S	N	P	S	T	A

AKRYL
AKWARELE
GLINA
PĘDZLE
KAMERA
KRZESŁO
SZTALUGA
KLEJ
KOLORY
OŁÓWKI
KREATYWNOŚĆ
WODA
ATRAMENT
GUMKA
OLEJ
POMYSŁY
PAPIER
PASTELE
FARBY
STÓŁ

91 - Eau

W	L	Ó	D	P	A	R	O	W	Y	U	K	W	D	Q	G
E	I	N	A	W	O	R	A	P	T	H	Z	Ó	R	M	E
Z	J	L	U	O	T	B	W	F	W	X	C	Z	T	W	J
F	E	U	G	W	T	P	Ł	S	A	D	Z	H	Ł	U	Z
D	Z	D	E	O	U	Z	K	Y	T	L	S	H	D	O	E
H	I	P	I	N	T	W	M	A	J	E	E	S	M	C	R
U	O	V	N	W	K	N	E	K	N	Ź	D	Ó	W	O	P
I	R	J	Ś	A	J	A	Y	E	G	A	P	Q	H	T	K
U	O	O	J	Y	V	G	Z	Z	A	O	Ł	D	K	J	M
C	D	N	S	F	D	A	W	R	K	C	P	H	E	Y	M
V	F	G	X	R	J	R	Q	W	T	E	M	E	T	T	C
Q	M	Ń	E	I	M	U	R	T	S	A	O	G	T	X	K
G	X	S	F	Q	K	H	T	M	N	N	N	G	L	C	M
N	A	W	A	D	N	I	A	N	I	E	S	S	G	Y	A
P	R	Y	S	Z	N	I	C	S	L	G	U	G	X	U	Q
W	I	L	G	O	Ć	Y	T	X	K	A	N	N	J	H	F

KANAŁ
PRYSZNIC
PAROWANIE
RZEKA
STRUMIEŃ
MRÓZ
GEJZER
LÓD
WILGOTNY
WILGOĆ
POWÓDŹ
NAWADNIANIE
JEZIORO
MONSUN
ŚNIEG
OCEAN
HURAGAN
DESZCZ
FALE
PAROWY

92 - Jazz

I	G	N	O	D	E	M	K	V	O	W	J	Y	G	K	T
T	M	U	K	O	M	P	O	Z	Y	T	O	R	A	O	V
E	T	P	L	Y	T	S	Z	P	U	L	O	A	T	M	N
L	I	G	R	U	S	K	O	N	C	E	R	T	U	P	P
R	X	Z	L	O	B	F	I	Ł	Z	B	Y	S	N	O	T
E	F	A	Ł	T	W	I	A	W	J	Ę	I	C	E	Z	S
J	U	C	S	E	Y	I	O	Ł	B	B	O	L	K	Y	Z
Ł	R	U	V	C	H	Z	Z	N	L	N	G	D	R	C	G
S	Q	W	V	H	Y	T	W	A	E	Y	Z	Ł	T	J	K
D	O	X	Y	N	W	A	Ł	S	C	N	O	W	Y	A	V
S	U	L	G	I	R	Y	T	M	C	J	C	W	M	T	J
J	W	P	O	K	M	U	Z	Y	K	A	A	F	Z	S	A
M	I	P	P	A	R	T	S	E	I	K	R	O	I	Y	V
A	X	I	C	J	I	T	A	L	E	N	T	R	W	T	A
P	I	O	S	E	N	K	A	T	B	Ł	S	U	M	R	D
A	L	B	U	M	S	B	X	E	A	S	Z	D	S	A	J

ALBUM
ARTYSTA
SŁAWNY
PIOSENKA
KOMPOZYTOR
KOMPOZYCJA
KONCERT
ULUBIONE
GATUNEK
IMPROWIZACJA
MUZYKA
NOWY
ORKIESTRA
RYTM
SOLO
STYL
TALENT
BĘBNY
TECHNIKA
STARY

93 - Paysages

O	N	G	A	B	V	F	L	X	B	P	C	L	M	W	W
R	C	A	W	O	D	O	L	A	R	Ó	G	O	A	O	C
O	U	E	H	N	P	B	Z	V	I	Ł	B	D	X	D	W
I	O	Z	A	Ż	A	L	P	Y	H	W	R	O	N	O	N
Z	U	R	P	N	J	N	U	G	Ł	Y	C	W	R	S	T
E	Y	O	S	P	A	U	I	L	I	S	L	I	C	P	R
J	Ł	M	Y	L	S	L	S	L	S	E	T	E	V	A	R
V	D	V	W	I	K	Ł	B	A	O	P	M	C	M	D	C
N	T	J	W	K	I	O	N	T	U	D	K	K	H	V	R
G	I	W	A	I	N	Y	T	S	U	P	I	C	T	V	W
T	H	N	Z	G	I	Ł	C	G	T	P	X	O	E	H	T
G	Ó	R	A	G	A	Z	A	O	U	X	Q	W	C	J	X
E	X	J	Y	N	Ó	L	K	Z	N	A	K	L	U	W	G
W	Z	T	W	H	P	R	E	J	D	T	H	W	Ł	Ł	U
G	E	J	Z	E	R	H	Z	Ł	R	H	D	X	V	M	S
R	G	T	T	W	W	Y	R	E	A	U	A	V	O	A	Z

WODOSPAD
WZGÓRZE
PUSTYNIA
RZEKA
GEJZER
LODOWIEC
JASKINIA
GÓRA LODOWA
WYSPA
JEZIORO
BAGNO
MORZE
GÓRA
OAZA
OCEAN
PÓŁWYSEP
PLAŻA
TUNDRA
DOLINA
WULKAN

94 - Pays #1

P	O	L	S	K	A	Y	A	D	I	Y	J	K	M	P	H
A	P	J	J	B	X	C	Z	Z	Z	V	T	Y	A	D	I
J	K	S	W	V	X	M	N	B	R	A	K	R	I	F	S
A	A	N	Y	T	N	E	G	R	A	S	G	B	L	A	Z
L	N	P	P	Y	G	I	K	O	E	S	U	J	Y	Q	P
E	A	I	J	F	L	N	M	W	L	E	P	T	Z	Z	A
U	D	V	V	L	G	D	B	M	A	M	A	N	A	P	N
Z	A	T	S	N	I	T	T	A	F	D	I	K	R	M	I
E	V	H	Y	N	I	P	I	L	I	F	O	N	B	T	A
N	O	R	W	E	G	I	A	I	N	M	T	R	D	K	A
E	R	U	M	U	N	I	A	M	L	P	A	A	B	I	U
W	J	I	P	L	R	B	V	I	A	L	R	R	C	B	E
X	V	M	X	I	J	Y	K	W	N	N	K	H	O	G	F
M	H	B	I	B	G	W	R	J	D	G	B	A	W	K	L
D	R	I	R	I	N	A	T	S	I	N	A	G	F	A	O
P	U	J	N	A	U	G	A	R	A	K	I	N	F	W	L

AFGANISTAN
NIEMCY
ARGENTYNA
BRAZYLIA
KANADA
HISZPANIA
EKWADOR
FINLANDIA
INDIE
IZRAEL
LIBIA
MALI
MAROKO
NIKARAGUA
NORWEGIA
PANAMA
FILIPINY
POLSKA
RUMUNIA
WENEZUELA

95 - Nombres

O	S	I	E	M	N	A	Ś	C	I	E	I	E	N	H	J
C	Z	T	E	R	N	A	Ś	C	I	E	Z	I	H	S	O
C	Ł	Ł	M	R	Y	E	T	N	N	I	U	C	U	B	S
Ł	D	F	Q	X	Ł	Z	D	T	Q	C	W	Ś	O	H	I
F	Z	Q	B	B	Z	B	O	E	B	Ś	R	A	W	D	E
D	W	A	N	A	Ś	C	I	E	J	A	W	N	Y	C	M
L	E	H	H	G	B	F	L	R	T	N	W	M	N	P	P
D	Z	I	E	S	I	Ę	Ć	S	R	Y	R	E	T	Z	C
L	O	K	C	J	Y	V	Ś	I	Z	Z	Ł	D	Ę	Y	J
Q	M	R	G	Ś	H	Q	E	E	Y	R	Z	E	I	R	Ł
D	G	D	W	E	A	K	Z	D	B	T	E	I	S	A	E
P	E	I	C	Ś	A	N	S	E	Z	S	R	S	E	T	Q
Z	I	P	U	A	M	T	T	M	Y	G	O	M	I	L	D
O	R	Ę	J	H	T	F	Ć	Ę	I	W	E	I	Z	D	N
K	W	H	Ć	K	Z	C	Ł	P	I	H	F	X	D	T	B
E	M	O	T	P	Ł	N	A	J	I	P	G	Ł	V	D	Ł

PIĘĆ
DWA
DZIESIĘTNY
DZIESIĘĆ
OSIEMNAŚCIE
SIEDEMNAŚCIE
DWANAŚCIE
OSIEM
DZIEWIĘĆ
CZTERNAŚCIE
CZTERY
PIĘTNAŚCIE
SZESNAŚCIE
SIEDEM
SZEŚĆ
TRZYNAŚCIE
TRZY
JEDEN
ZERO

96 - Psychologie

U	P	D	Z	I	E	C	I	Ń	S	T	W	O	R	N	R
G	C	O	A	R	E	I	N	A	K	T	O	P	S	I	Z
E	E	Z	D	C	Ł	P	H	I	O	T	K	K	B	E	E
I	G	K	U	Ś	D	W	L	N	C	E	O	L	S	P	C
N	O	Y	P	C	W	B	P	E	E	R	N	I	P	R	Z
A	S	Ł	E	O	I	I	T	Z	N	A	F	N	O	Z	Y
W	R	S	H	M	A	E	A	C	A	P	L	I	S	Y	W
O	M	Y	Ś	L	I	J	I	D	E	I	I	C	T	T	I
H	S	M	O	M	S	C	N	A	O	A	K	Z	R	O	S
C	P	O	J	Z	O	O	E	I	N	M	T	N	Z	M	T
A	R	P	B	I	H	M	Z	W	Z	Q	Y	Y	E	N	O
Z	O	T	G	O	E	E	R	Ś	A	F	F	I	G	Y	Ś
I	B	C	J	Z	W	N	A	O	H	R	Ł	L	A	P	Ć
C	L	D	Y	B	P	O	M	D	Ł	J	Z	N	N	F	N
U	E	P	I	H	M	F	Ś	H	A	V	Ł	U	I	Y	Y
K	M	T	G	L	A	U	E	Ć	Q	I	H	S	E	H	M

KLINICZNY
ZACHOWANIE
KONFLIKT
EGO
DZIECIŃSTWO
DOŚWIADCZENIA
EMOCJE
OCENA
POMYSŁY
NIEPRZYTOMNY
MYŚLI
POSTRZEGANIE
OSOBOWOŚĆ
PROBLEM
SPOTKANIE
RZECZYWISTOŚĆ
MARZENIA
UCZUCIE
PODŚWIADOMY
TERAPIA

97 - Nature

J	Ł	Y	T	E	Y	P	M	A	O	E	N	Ł	K	M	U
Ł	V	T	H	Z	B	A	U	L	Y	R	Ł	Q	Y	Z	S
P	H	X	Q	J	X	C	E	I	W	O	D	O	L	H	C
O	Y	Z	R	Z	W	L	A	C	G	Z	J	S	W	E	H
H	N	I	S	T	O	T	N	E	X	J	E	A	W	L	R
L	L	Y	B	Y	R	U	M	H	C	A	M	N	C	Z	O
Q	A	Ł	O	N	K	Ę	I	P	H	U	E	K	B	W	N
G	K	Y	N	Z	C	I	M	A	N	Y	D	T	O	I	I
O	I	G	I	C	Ś	I	L	P	X	J	Q	U	Z	E	E
B	P	P	R	Y	V	O	K	B	F	R	R	A	J	R	N
I	O	Z	Ł	T	S	U	Y	I	L	L	P	R	H	Z	I
A	R	Z	E	K	A	Ł	G	M	Z	M	N	I	J	Ą	E
J	T	P	Z	R	L	L	T	L	Q	D	J	U	Z	T	G
T	G	H	Ł	A	N	J	O	K	O	P	S	M	B	I	U
P	S	Z	C	Z	O	Ł	Y	P	U	S	T	Y	N	I	A
I	W	N	Q	N	W	K	R	S	P	O	K	O	J	N	Y

PSZCZOŁY
SCHRONIENIE
ZWIERZĄT
ARKTYCZNY
PIĘKNO
MGŁA
PUSTYNIA
DYNAMICZNY
EROZJA
LIŚCI
RZEKA
LAS
LODOWIEC
CHMURY
SPOKOJNA
SANKTUARIUM
DZIKI
SPOKOJNY
TROPIKALNY
ISTOTNE

98 - Chimie

I	T	L	U	H	K	M	R	Y	I	B	F	G	M	H	L
X	G	S	U	O	W	Y	W	O	R	D	Ą	J	A	Y	P
Ł	K	Q	I	A	A	Z	F	V	Ł	H	S	Z	E	Z	V
E	O	K	F	Z	S	N	Y	X	C	P	W	R	J	W	O
X	U	T	N	M	R	E	W	Ę	G	I	E	L	G	O	C
S	Ó	L	O	A	O	L	O	O	F	X	O	I	X	D	H
Q	A	V	R	R	T	A	M	H	J	Y	A	W	C	Ó	L
V	K	L	T	U	A	T	O	S	O	J	C	Y	W	R	O
C	Z	P	K	T	Z	E	T	G	N	E	L	T	A	X	R
T	C	W	E	A	I	M	A	R	F	U	Z	J	G	K	D
V	E	K	L	R	L	R	P	R	C	U	I	Z	A	Z	P
K	T	R	E	E	A	I	A	Q	K	C	I	W	E	S	G
E	S	A	G	P	T	J	C	W	K	A	C	J	D	Y	U
B	Ą	H	I	M	A	S	Z	Z	C	E	I	C	E	U	T
P	Z	M	D	E	K	W	Z	C	N	T	R	O	X	N	X
P	C	R	V	T	M	V	W	J	P	Y	X	S	Ł	P	T

KWAS
ALKALICZNY
ATOMOWY
WĘGIEL
KATALIZATOR
CIEPŁO
CHLOR
ENZYM
ELEKTRON
GAZ
WODÓR
JON
CIECZ
METALE
CZĄSTECZKA
JĄDROWY
TLEN
WAGA
SÓL
TEMPERATURA

99 - Bateaux

T	P	Ł	U	G	Q	Ł	O	Q	U	Z	Q	R	H	F	G
V	J	R	V	A	M	R	H	S	G	E	U	R	C	U	W
T	E	Z	O	S	D	P	U	C	R	Z	E	K	A	N	D
V	Z	C	T	M	X	L	B	L	M	H	P	A	N	E	Y
I	I	E	Z	R	O	M	V	A	J	H	X	J	I	D	B
P	O	B	S	M	Y	R	O	Ł	D	E	C	A	L	A	F
M	R	Z	A	I	X	B	V	A	Q	S	S	K	F	N	N
X	O	X	M	A	L	A	Z	R	M	O	R	S	K	I	A
F	A	L	E	T	Q	N	Ż	A	G	L	Ó	W	K	A	U
Y	L	C	U	U	F	K	I	T	O	F	P	X	S	J	T
Z	R	A	N	Y	R	A	M	K	C	L	Z	O	D	O	Y
O	A	C	I	W	T	O	K	U	E	M	V	D	V	B	C
N	E	Ł	Ł	G	G	U	N	R	A	G	B	R	I	W	Z
K	Q	O	O	Ł	J	Y	C	Z	N	Ł	T	O	Z	Q	N
W	A	F	K	G	Ł	T	Q	B	V	A	S	O	E	R	Y
M	K	X	L	D	A	W	T	A	R	T	H	C	A	J	I

KOTWICA
BOJA
LINA
ZAŁOGA
PROM
RZEKA
KAJAK
JEZIORO
FALA
MARYNARZ
MORSKI
MASZT
MORZE
SILNIK
NAUTYCZNY
OCEAN
TRATWA
FALE
ŻAGLÓWKA
JACHT

100 - Mesures

A	R	S	T	O	P	I	E	Ń	M	Q	T	V	Ł	W	O
H	B	U	B	V	R	R	B	L	A	J	C	N	U	D	B
T	B	J	R	Y	N	T	Ę	I	S	E	I	Z	D	Ł	J
T	O	N	A	D	L	O	E	O	A	L	T	S	W	U	Ę
F	F	V	Ł	Ć	Ś	O	K	O	R	E	Z	S	M	G	T
G	G	J	M	Ś	Ł	J	B	M	I	N	U	T	A	O	O
R	T	E	M	O	L	I	K	A	P	K	T	T	R	Ś	Ś
A	T	Z	A	K	A	J	A	V	J	R	U	S	G	Ć	Ć
M	Z	I	U	O	M	Z	I	J	X	T	N	S	O	E	H
R	I	Ł	L	S	J	E	X	U	W	E	H	I	L	Y	E
D	U	K	R	Y	Q	P	T	A	A	M	A	L	I	M	I
W	F	Z	H	W	Z	Q	Z	R	G	Y	S	X	K	A	T
C	T	H	R	G	Ł	L	M	I	A	T	D	O	M	R	O
G	Ł	Ę	B	O	K	O	Ś	Ć	P	N	R	Ł	P	H	A
E	X	B	J	N	I	I	J	F	B	E	R	U	L	P	N
Y	B	M	V	X	X	F	K	Z	E	C	C	A	L	P	C

CENTYMETR
STOPIEŃ
DZIESIĘTNY
GRAM
WYSOKOŚĆ
KILOGRAM
KILOMETR
SZEROKOŚĆ
LITR
DŁUGOŚĆ

MASA
METR
MINUTA
BAJT
UNCJA
WAGA
CAL
GŁĘBOKOŚĆ
TONA
OBJĘTOŚĆ

1 - Adjectifs #2

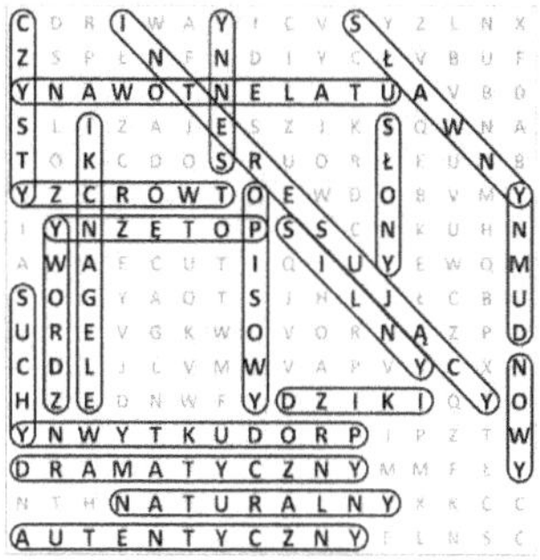

2 - Formes

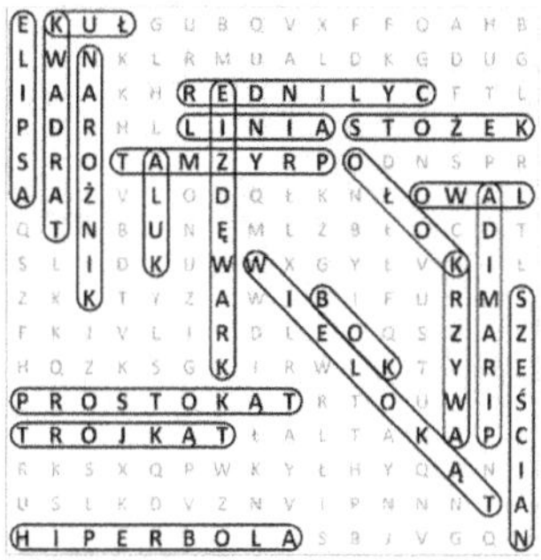

3 - Force et Gravité

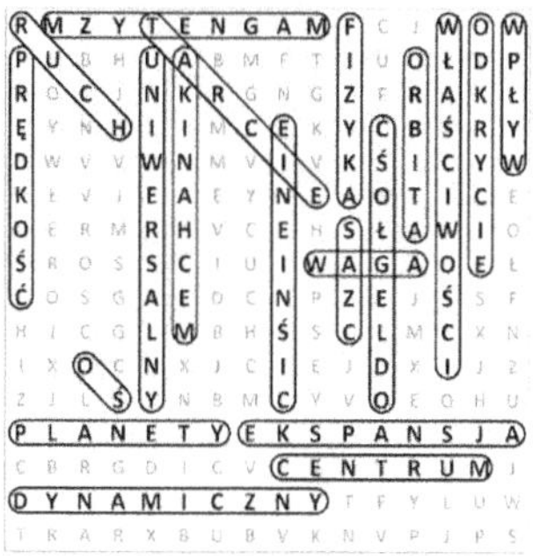

4 - Adjectifs #1

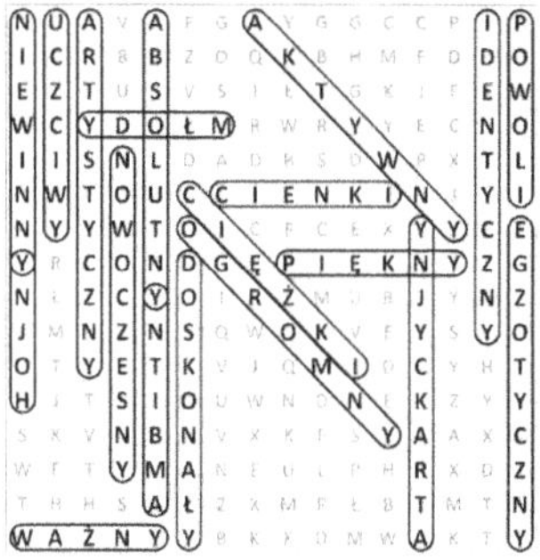

5 - Instruments de Musique

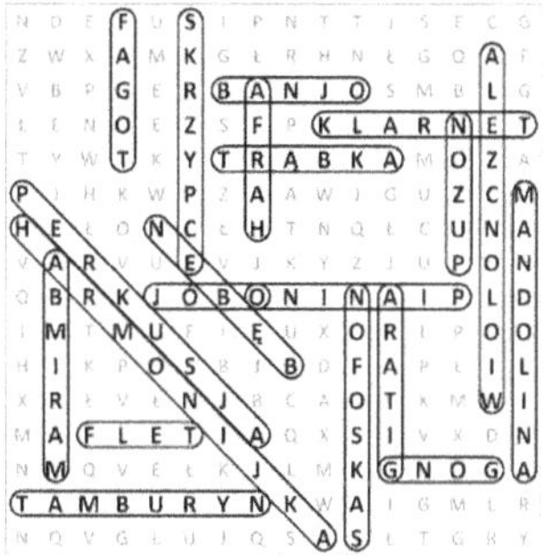

6 - Herboristerie

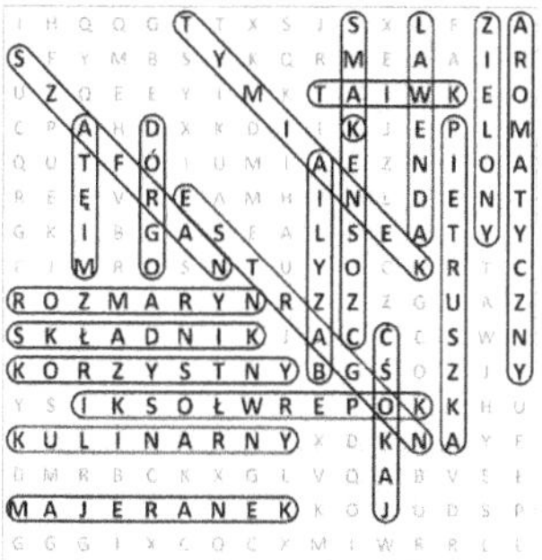

7 - Véhicules

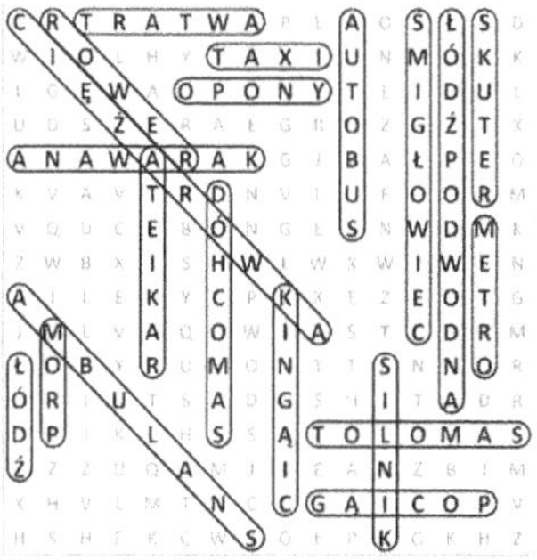

8 - Camping

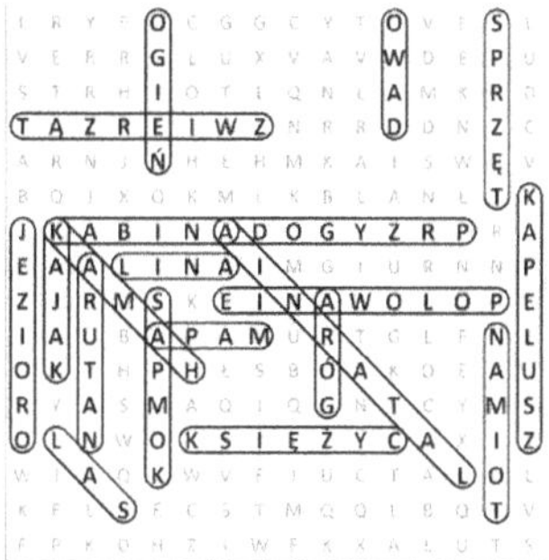

9 - Écologie

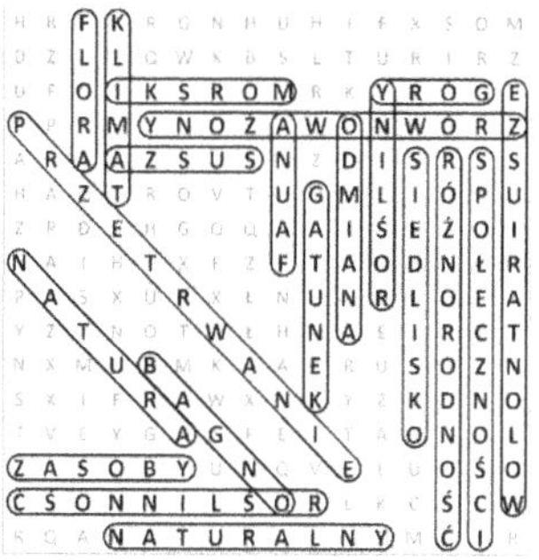

10 - Géométrie

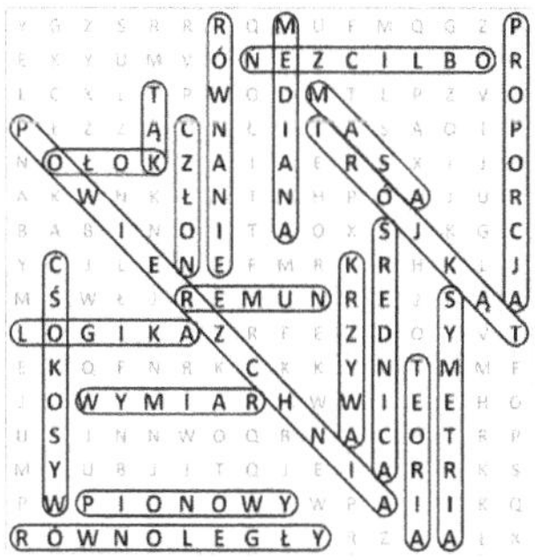

11 - Les Médias

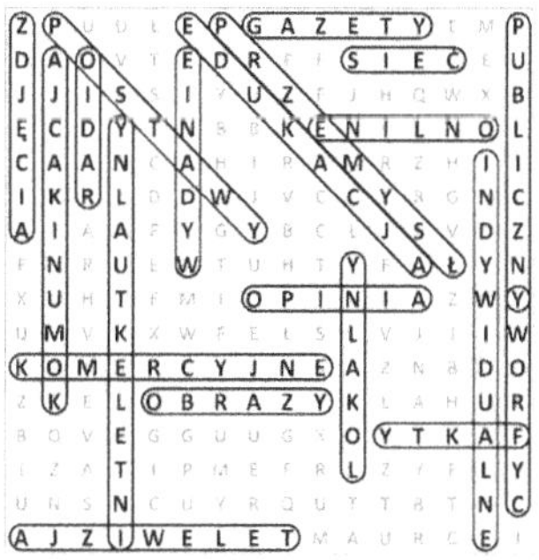

12 - Philanthropie

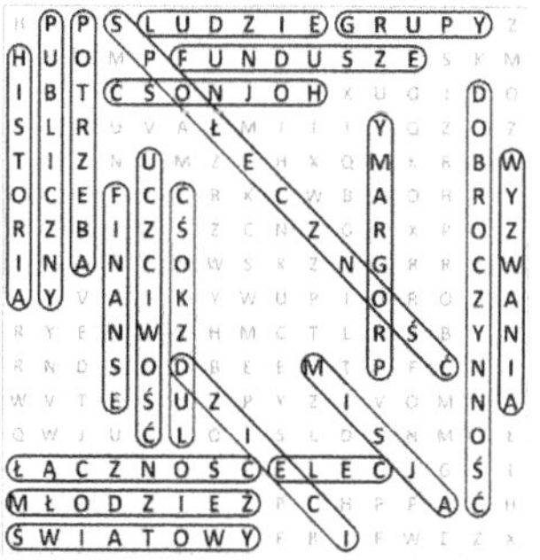

13 - Diplomatie

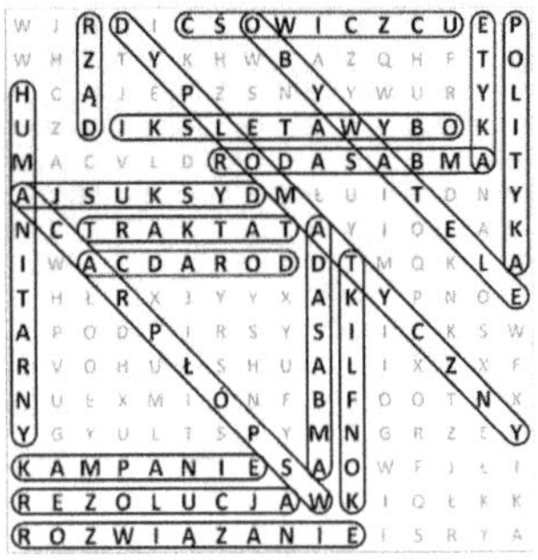

14 - Électricité

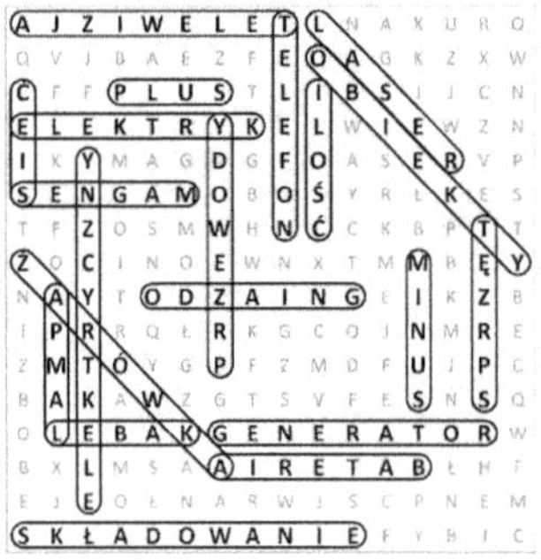

15 - Astronomie

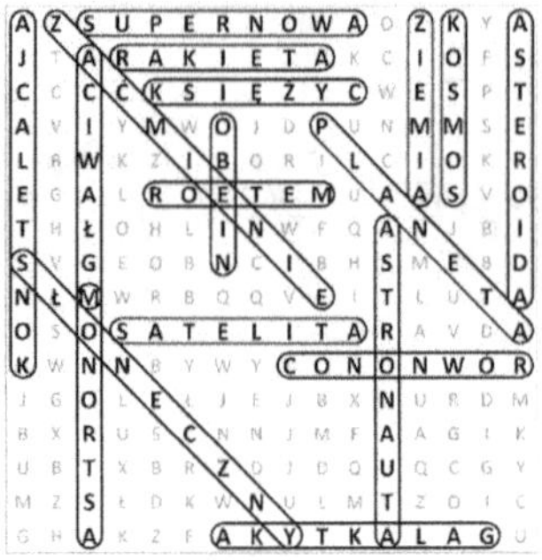

16 - Physique

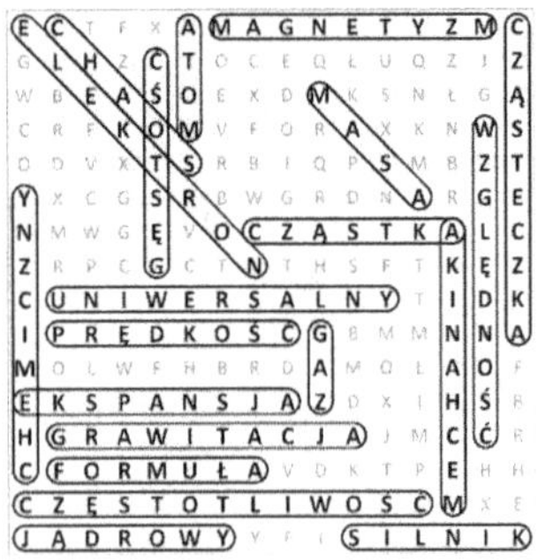

17 - Types de Cheveux

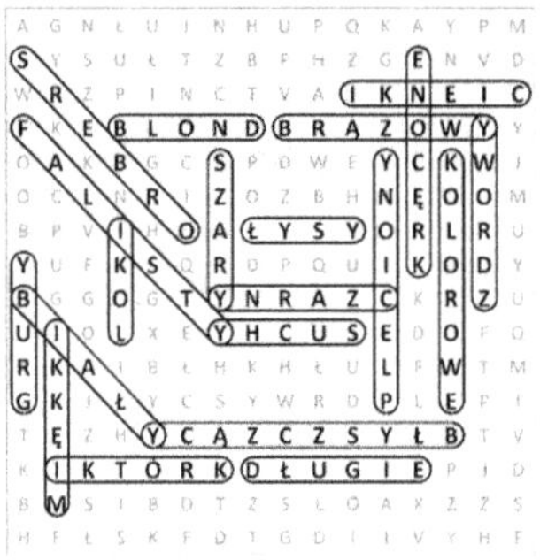

18 - Archéologie

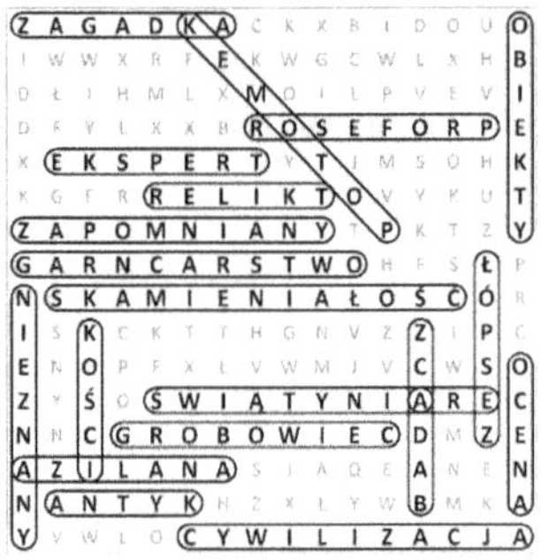

19 - Mammifères

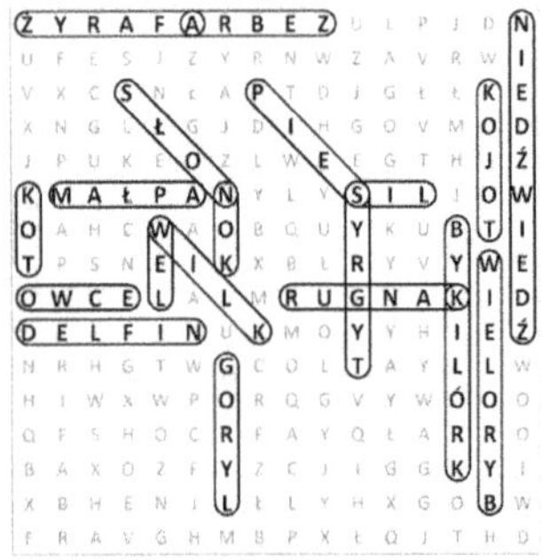

20 - Mathématiques

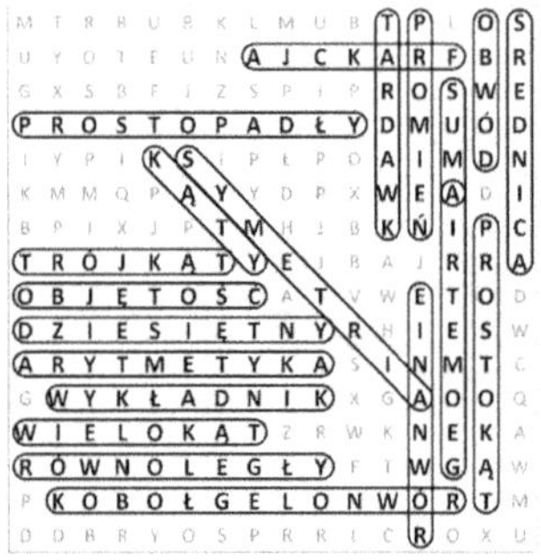

21 - Sport

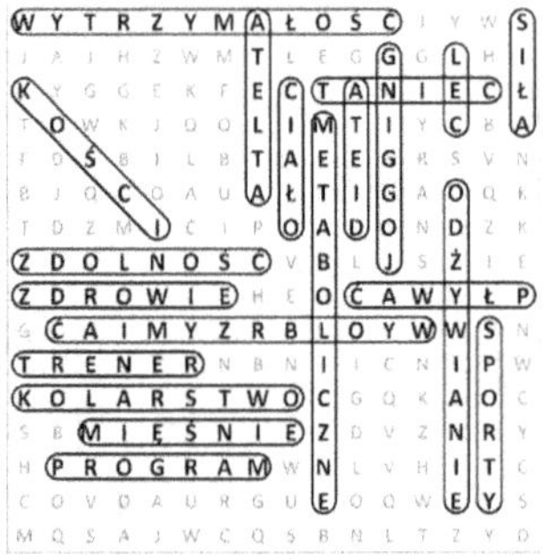

22 - Mythologie

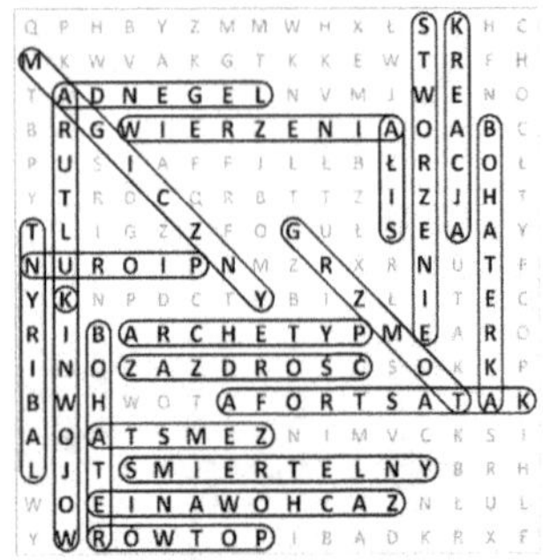

23 - Restaurant #2

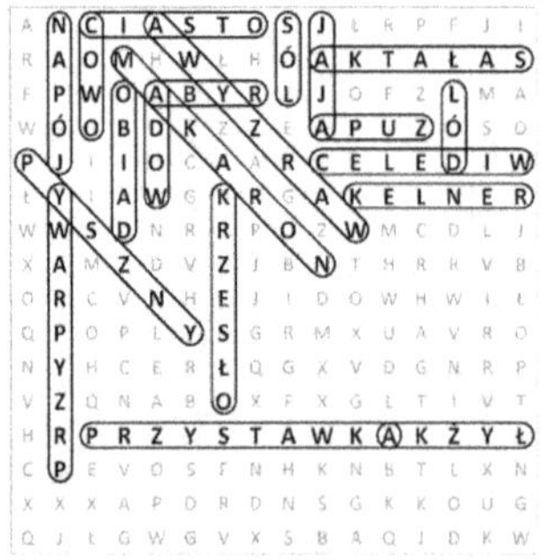

24 - Beauté

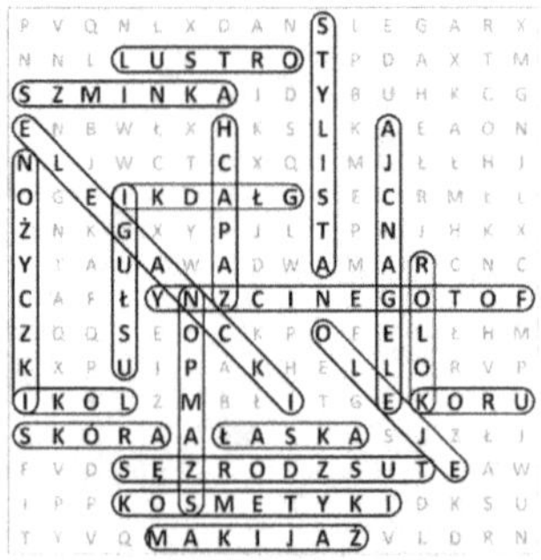

25 - Avions

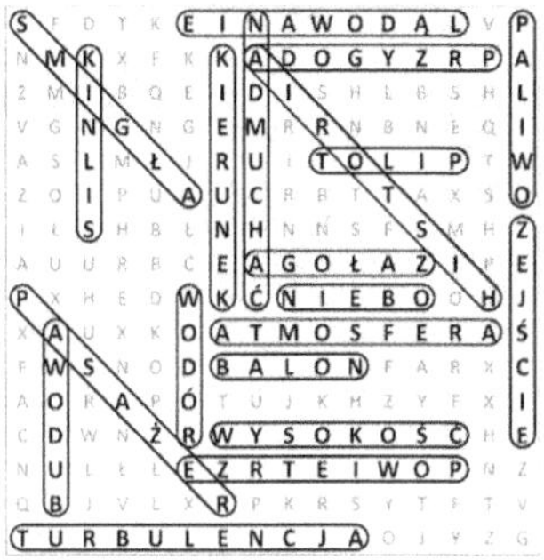

26 - Ville

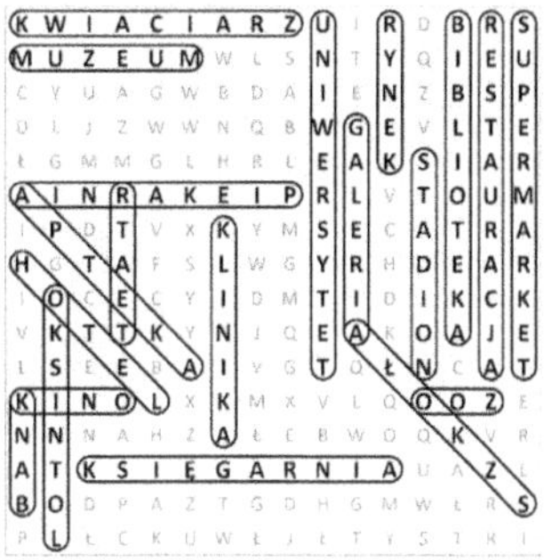

27 - Ingénierie

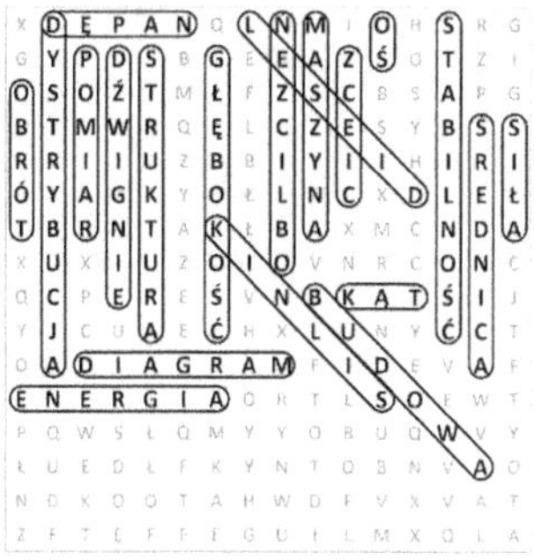

28 - Énergie

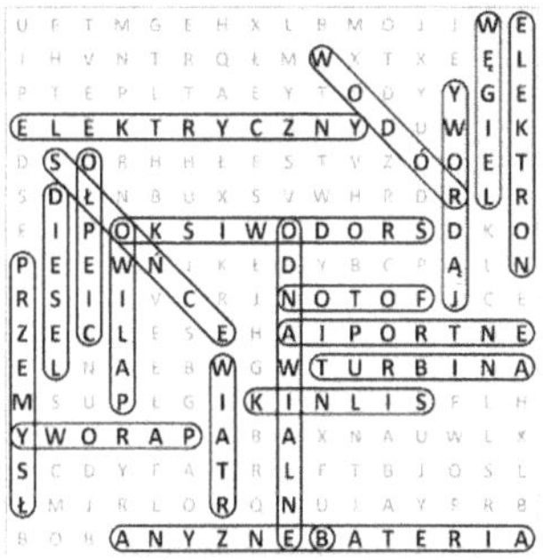

29 - Cuisine

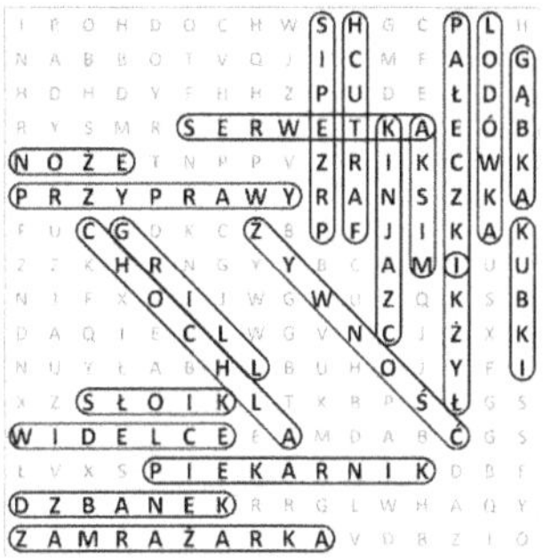

30 - Corps Humain

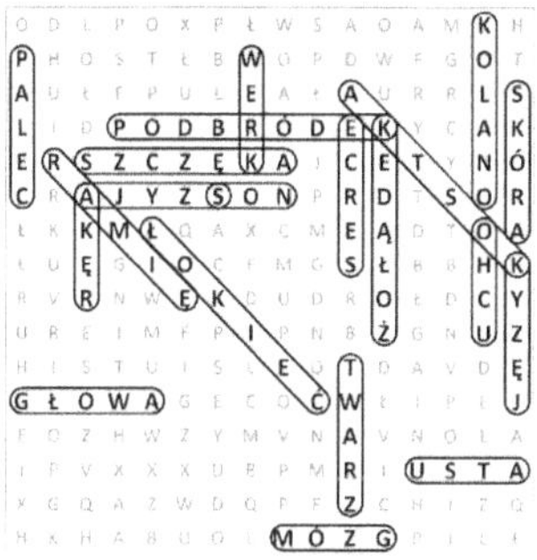

31 - Biologie

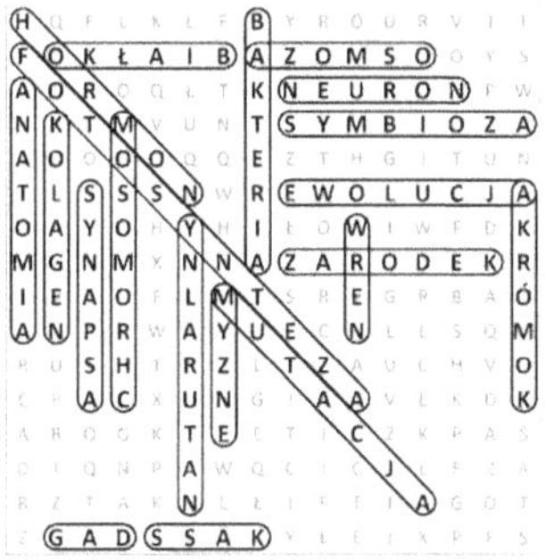

32 - Épices

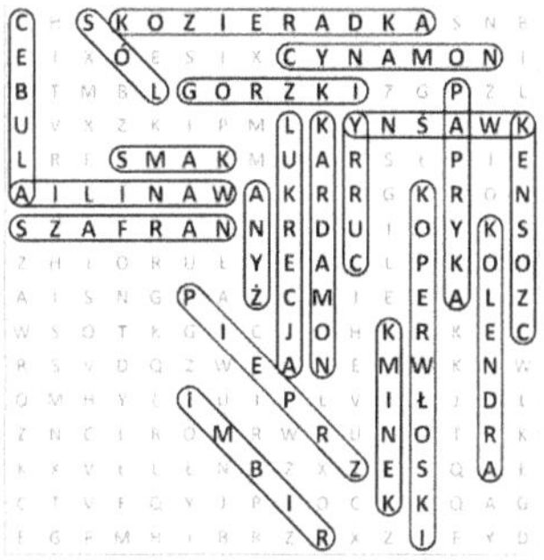

33 - Agronomie

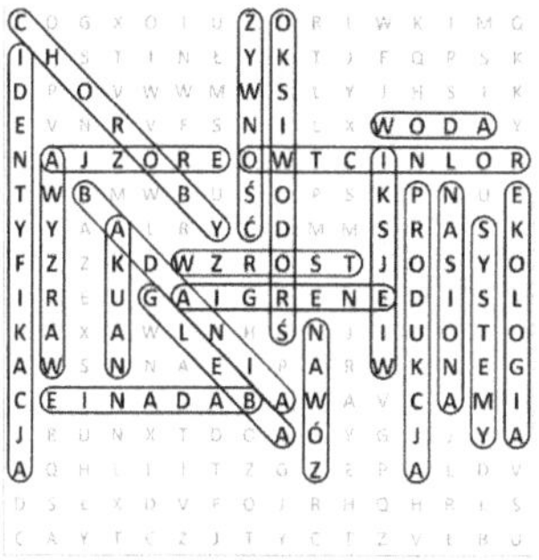

34 - Science

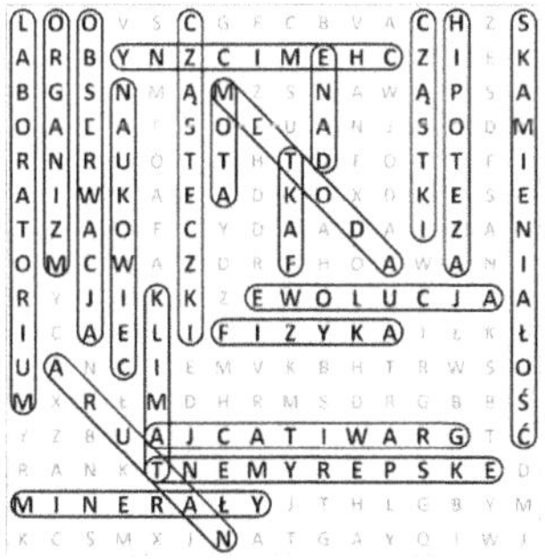

35 - Vêtements

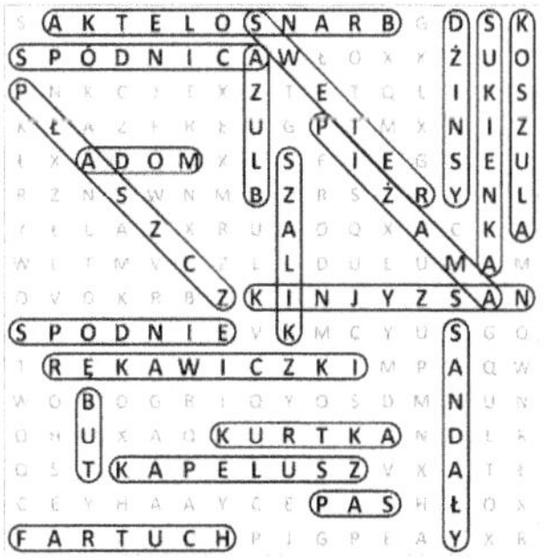

36 - Arts Visuels

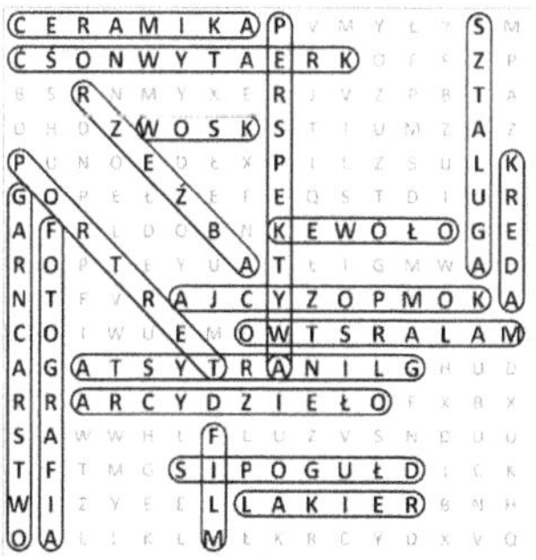

37 - Méditation

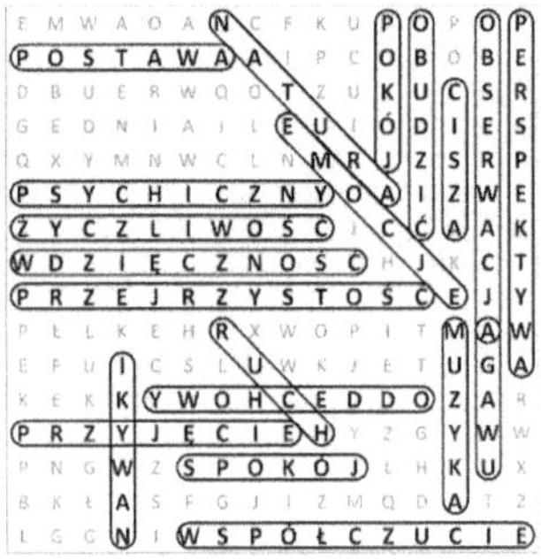

38 - Littérature

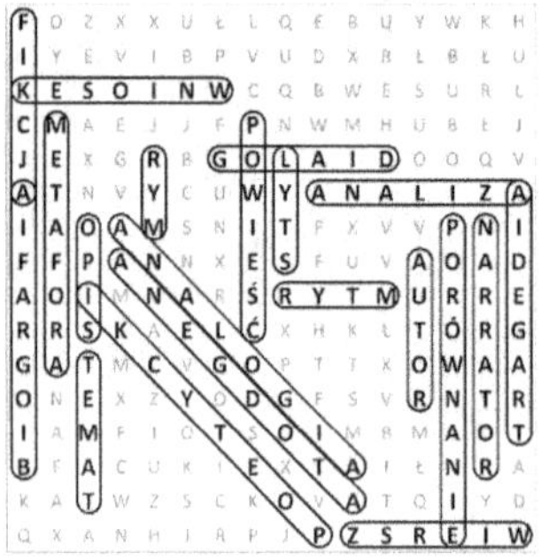

39 - Nourriture #1

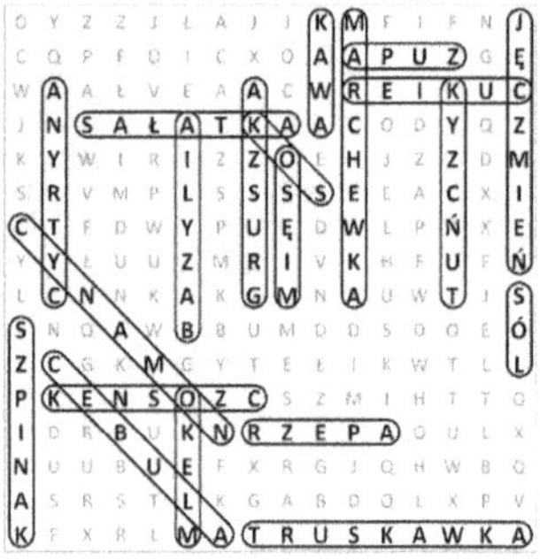

40 - Jours et Mois

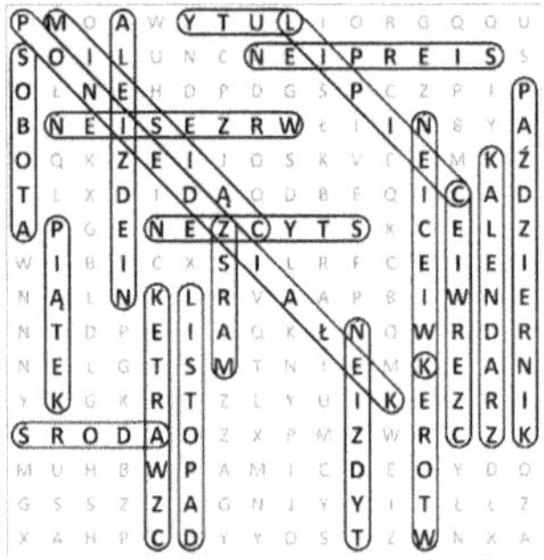

41 - Jardinage

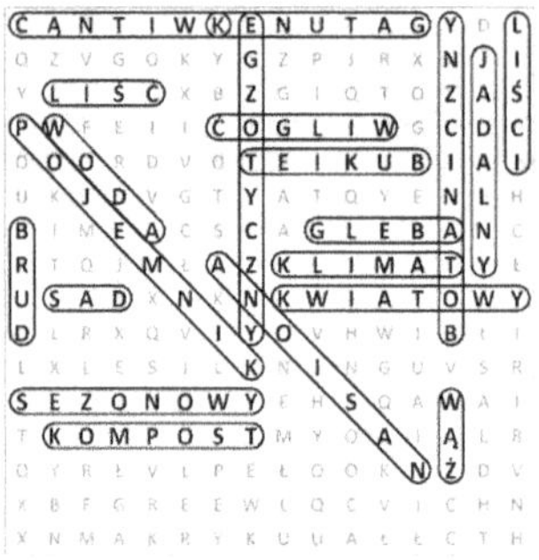

42 - Entreprise

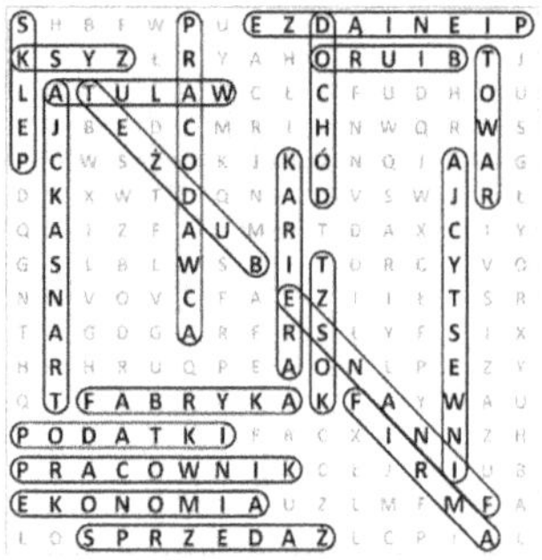

43 - Activités

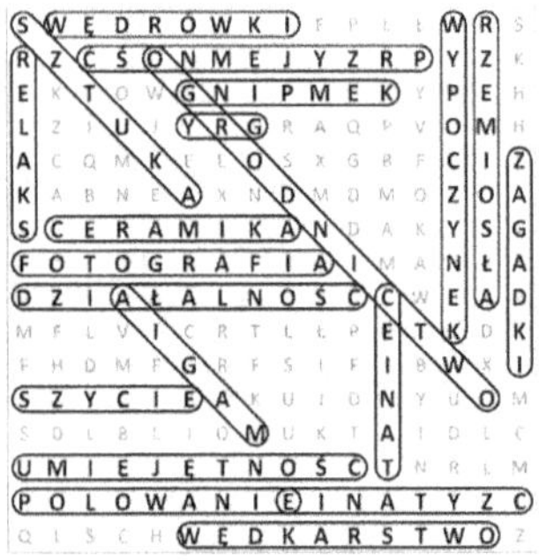

44 - Mode

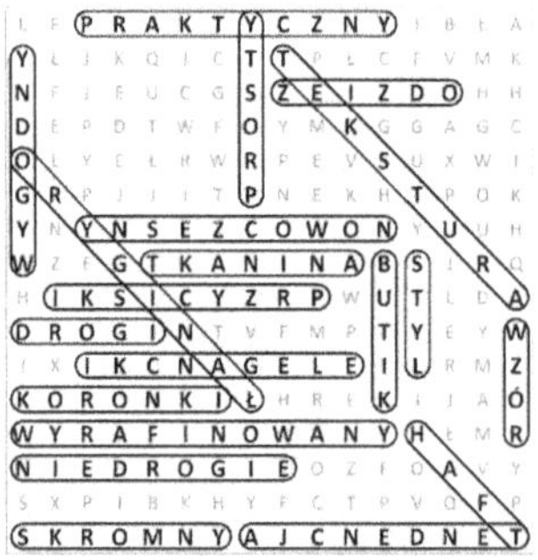

45 - Fleurs

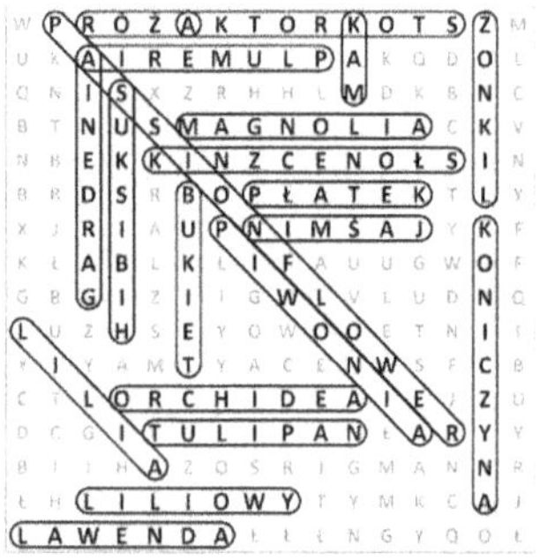

46 - Nourriture #2

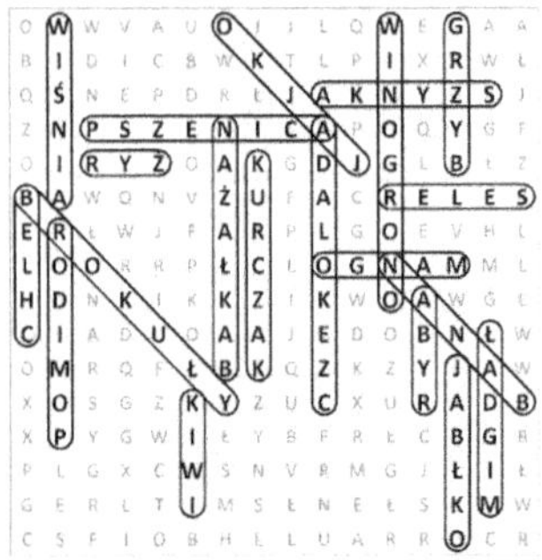

47 - Algèbre

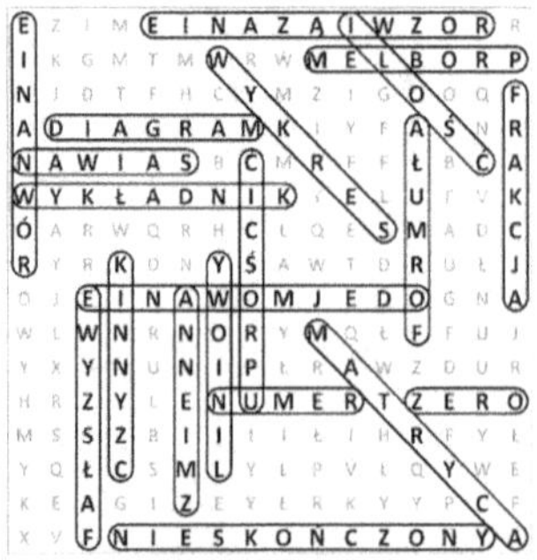

48 - Océan

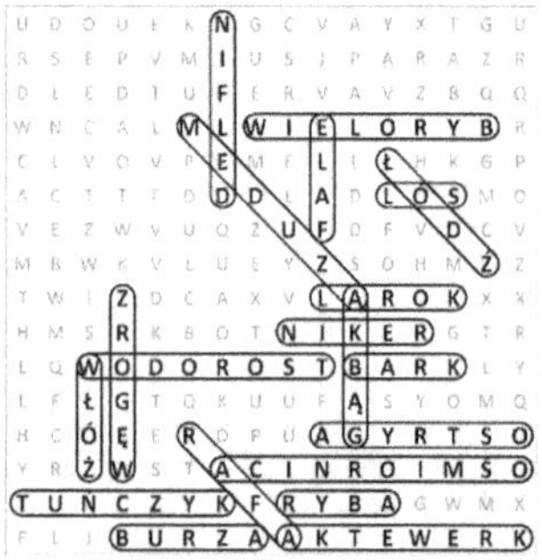

49 - Remplir

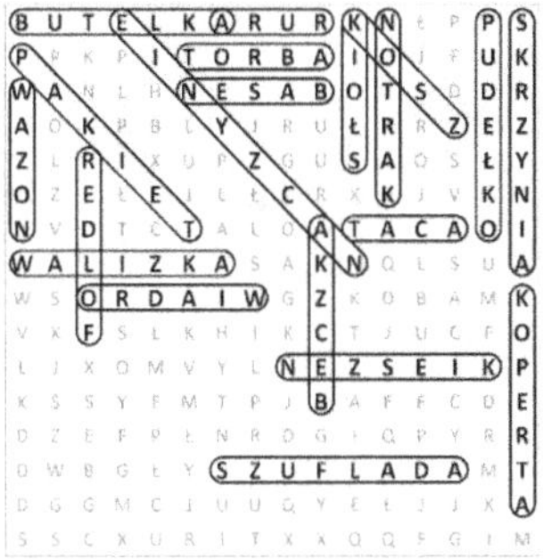

50 - Antiquités

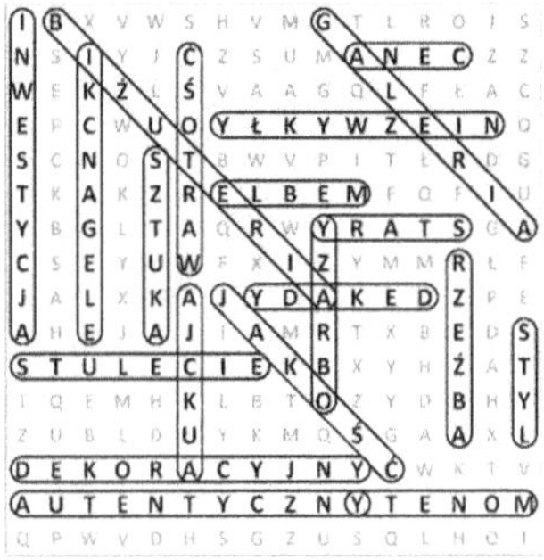

51 - Réchauffement Cli

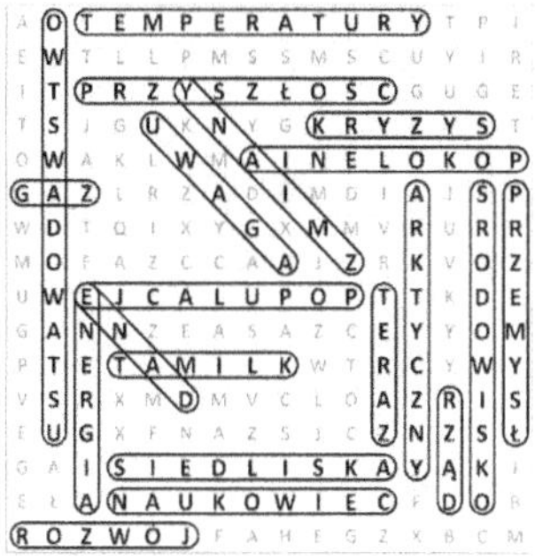

52 - Ballet

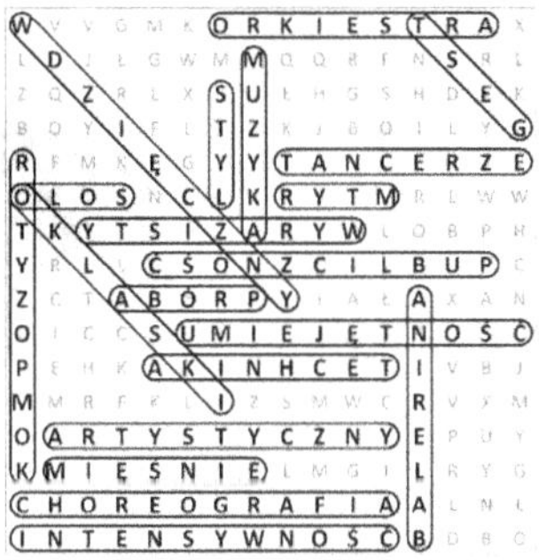

53 - Fruit

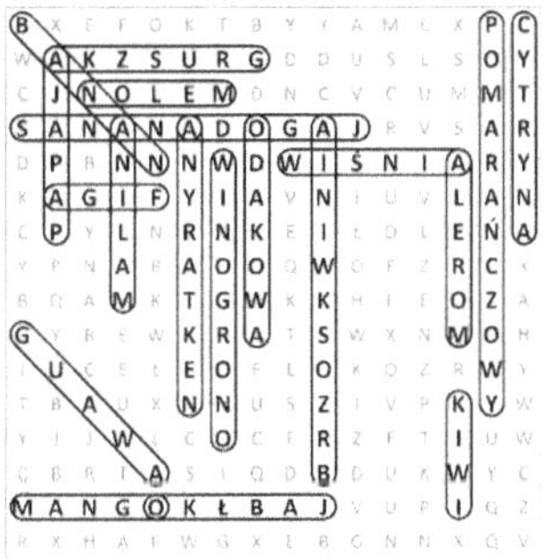

54 - Musique

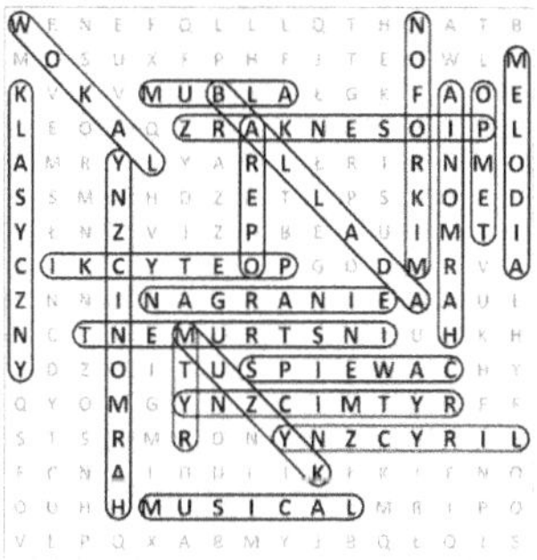

55 - L'Entreprise

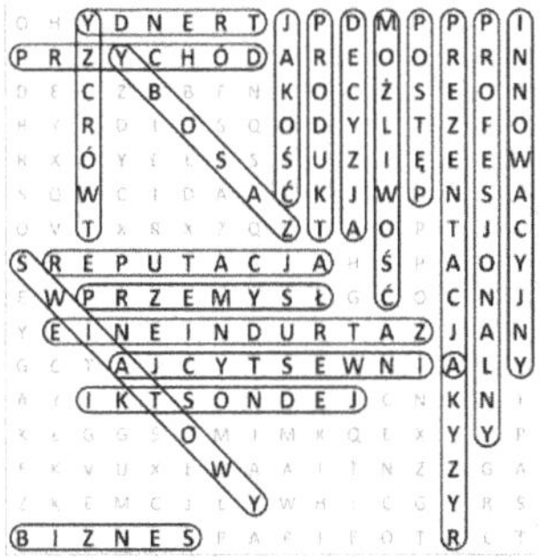

56 - Gouvernement

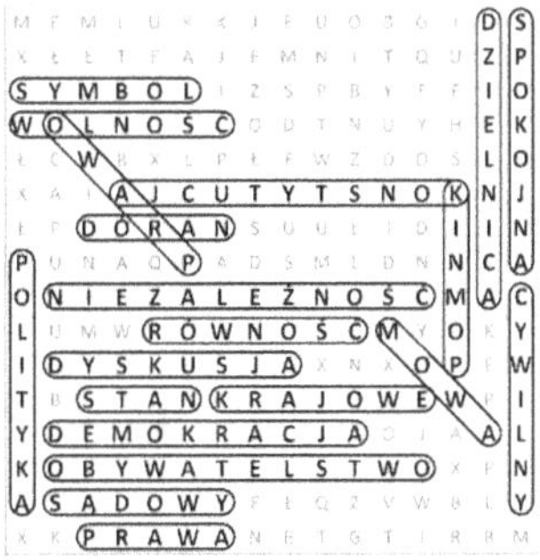

57 - Randonnée

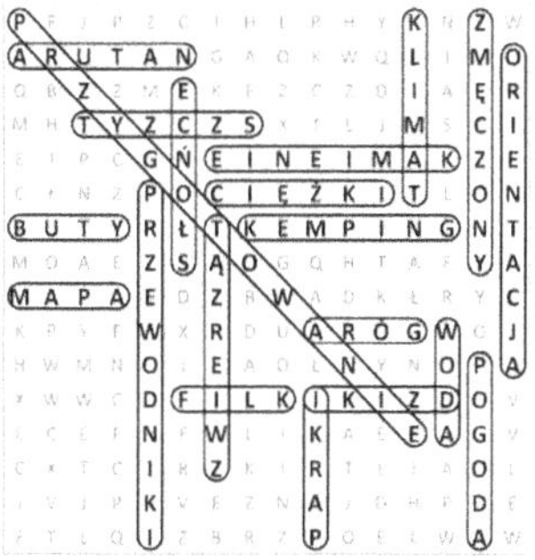

58 - Nutrition

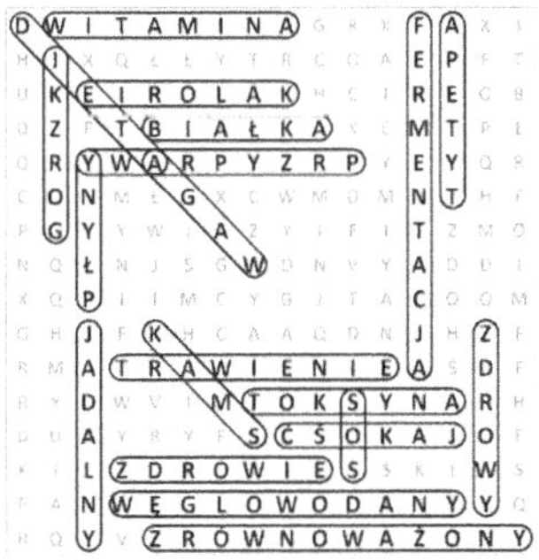

59 - Créativité

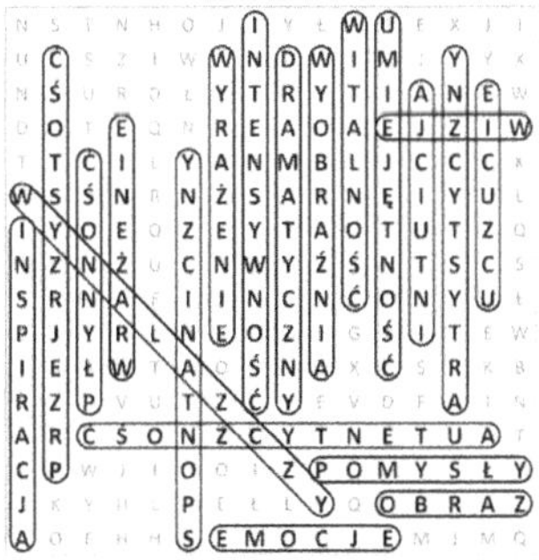

60 - Science Fiction

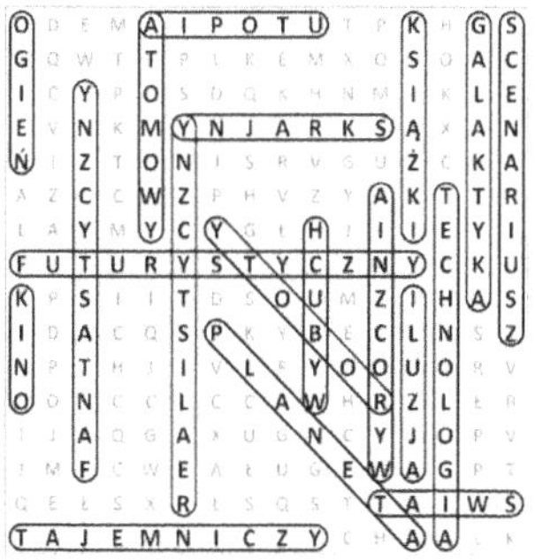

61 - Professions #1

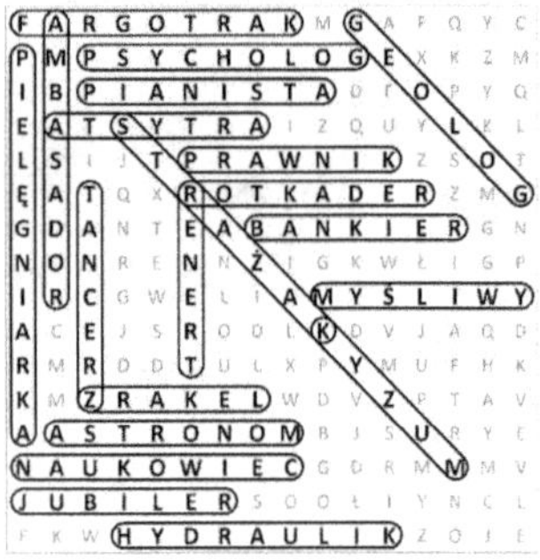

62 - Géologie

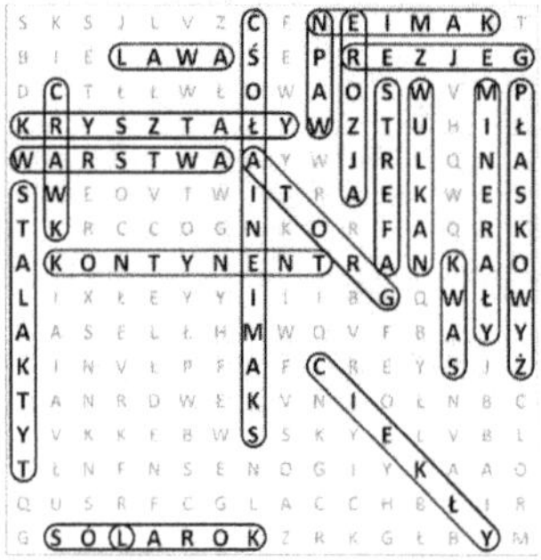

63 - Jardin

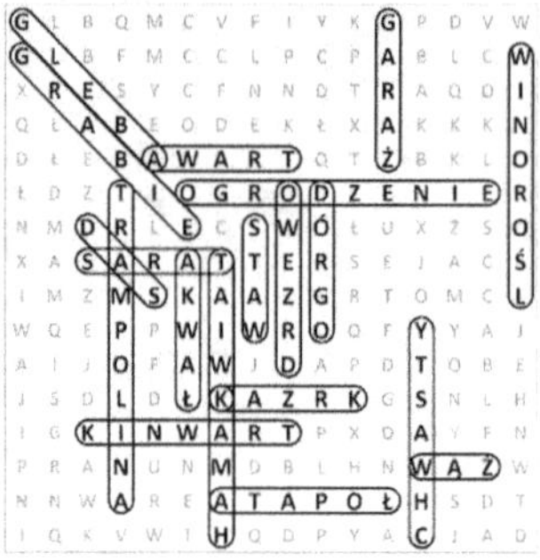

64 - Santé et Bien Être #1

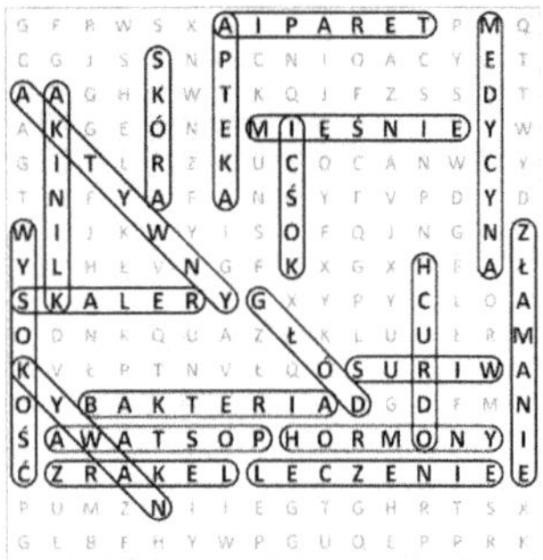

65 - Barbecues

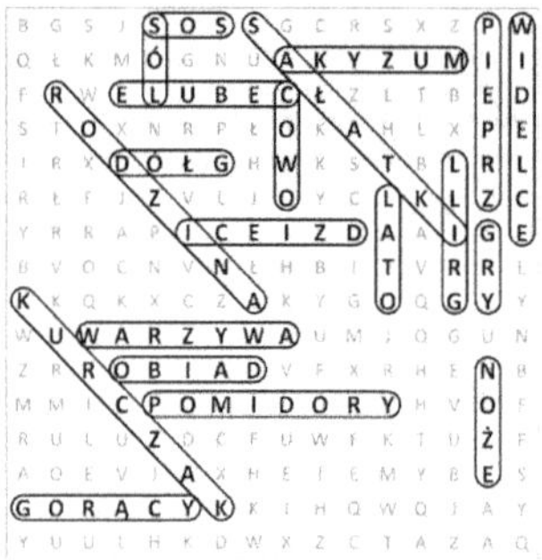

66 - Ferme #1

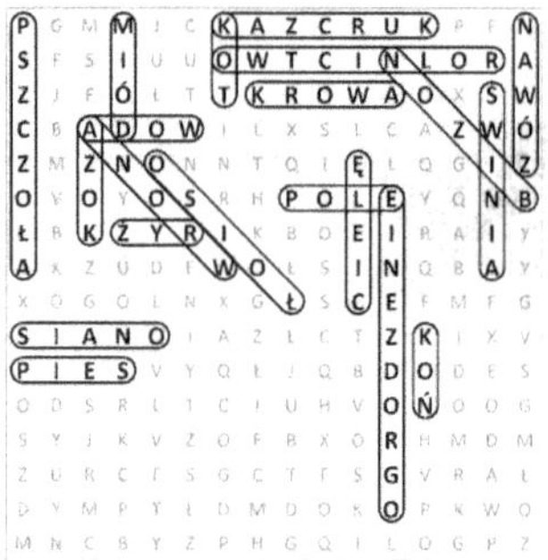

67 - Café

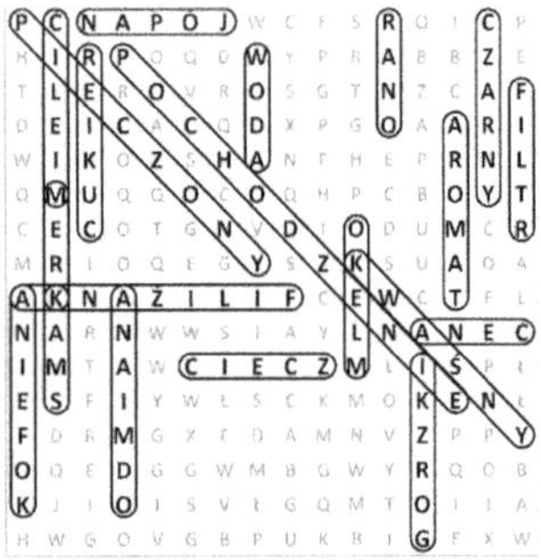

68 - Antarctique

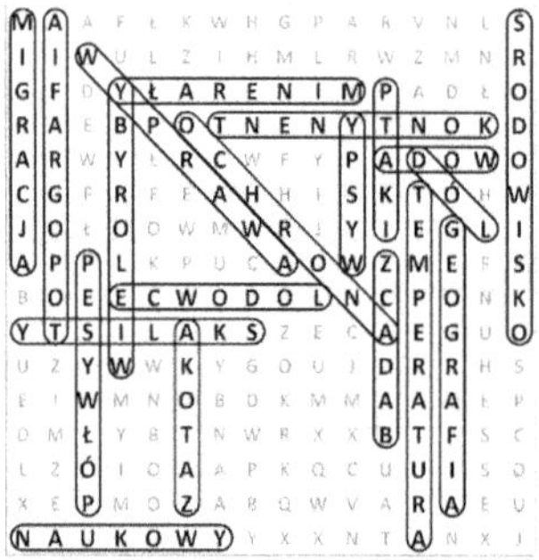

69 - Professions #2

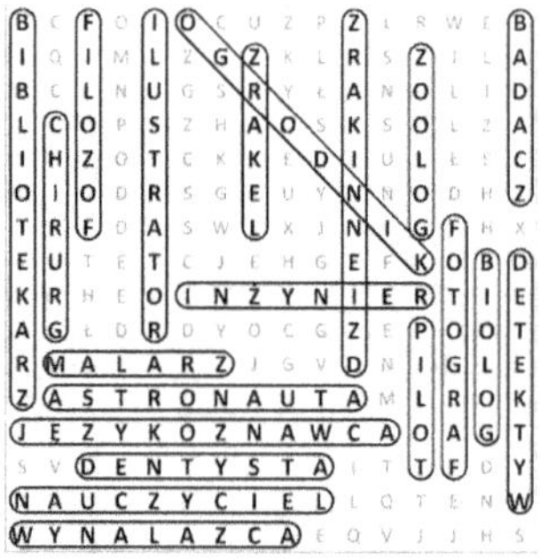

70 - Les Abeilles

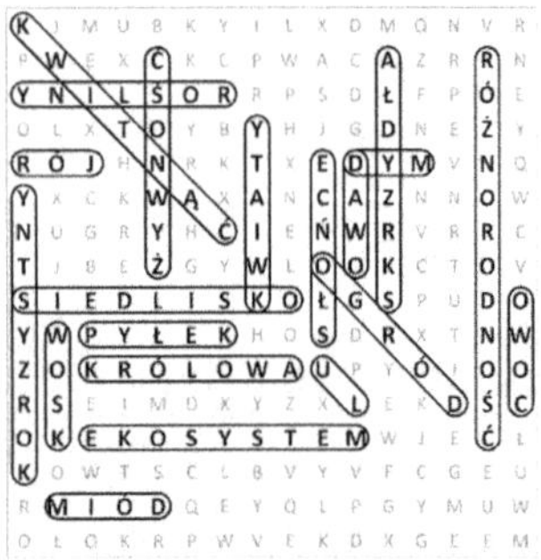

71 - Santé et Bien Être #2

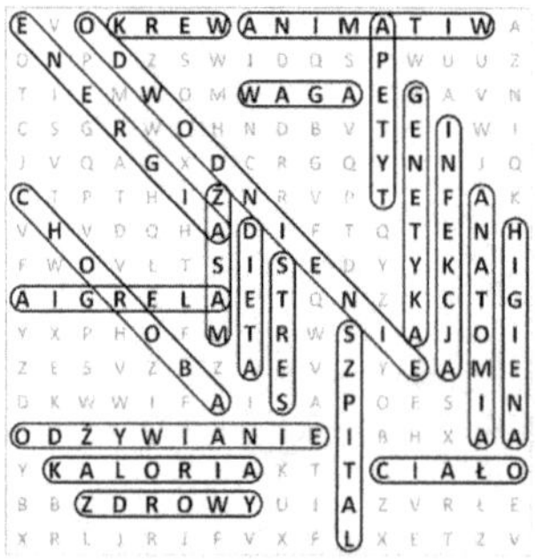

72 - Conduite

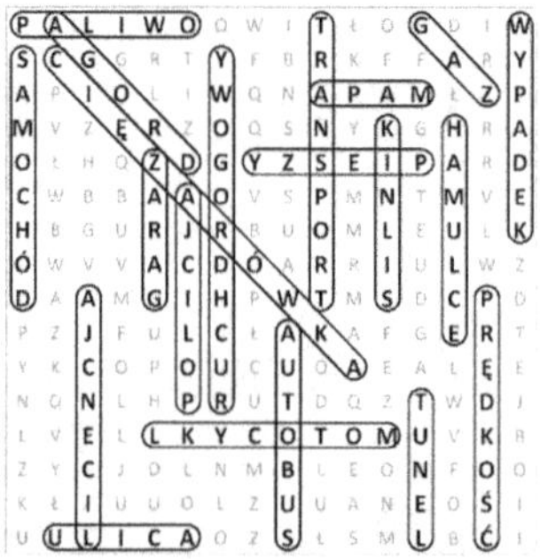

73 - Plantes

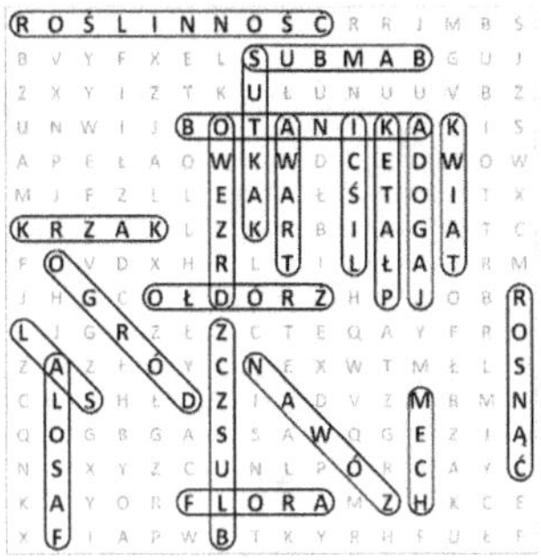

74 - Ferme #2

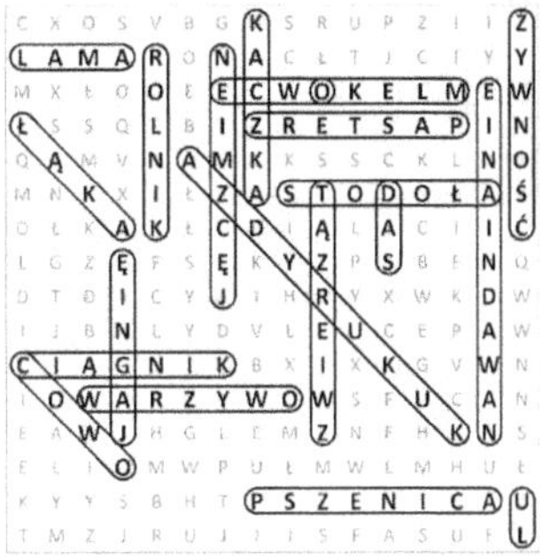

75 - Vacances #2

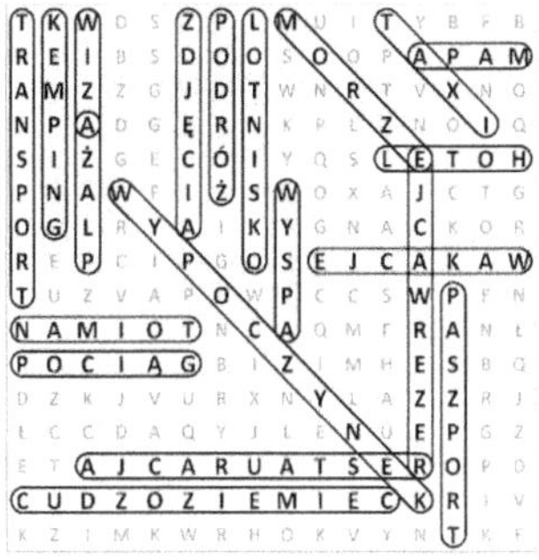

76 - Temps

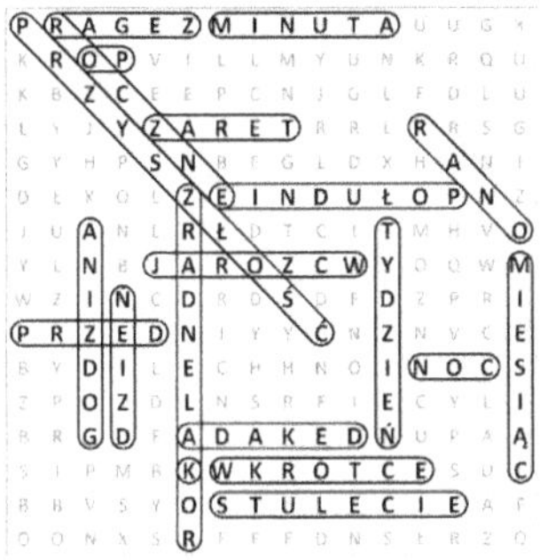

77 - Maison

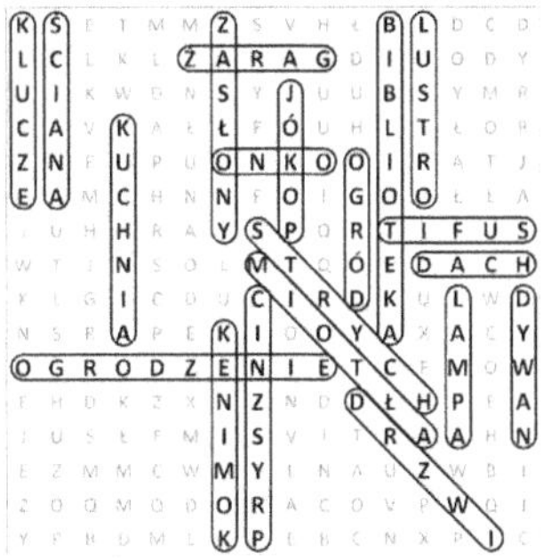

78 - Légumes

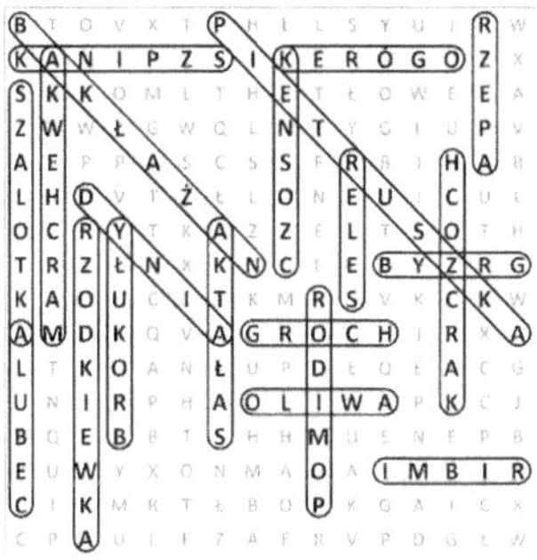

79 - Famille

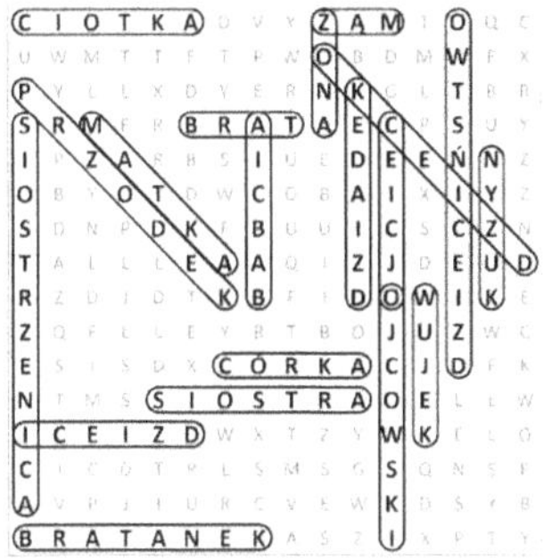

80 - Oiseaux

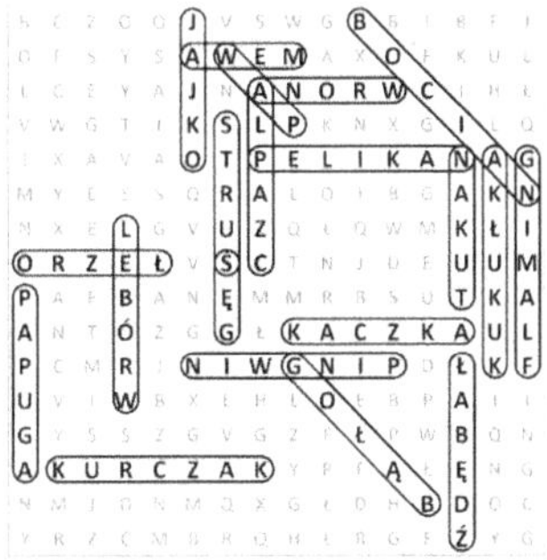

81 - Disciplines Scientifiques

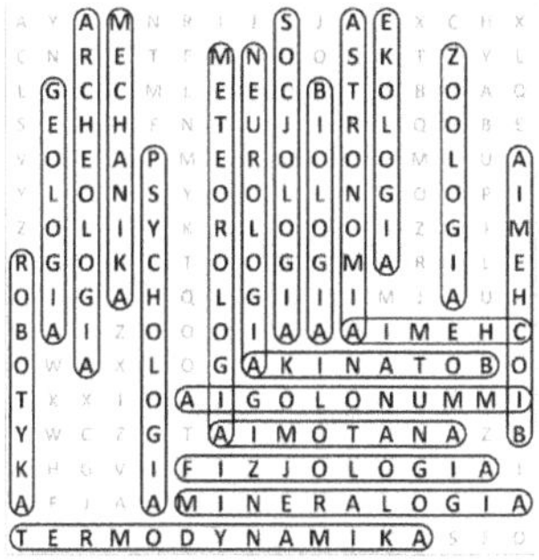

82 - Maladie

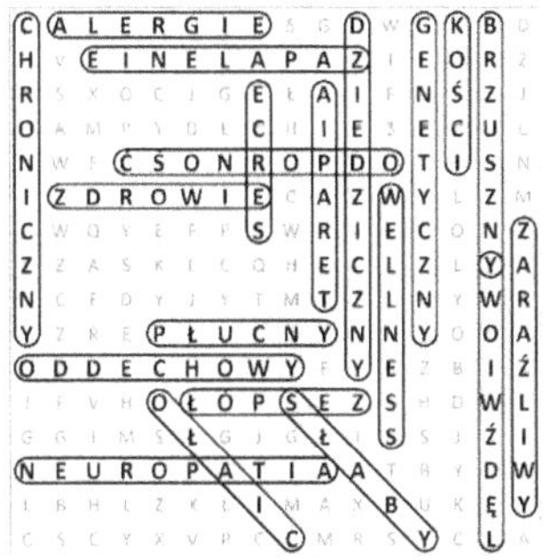

83 - Univers

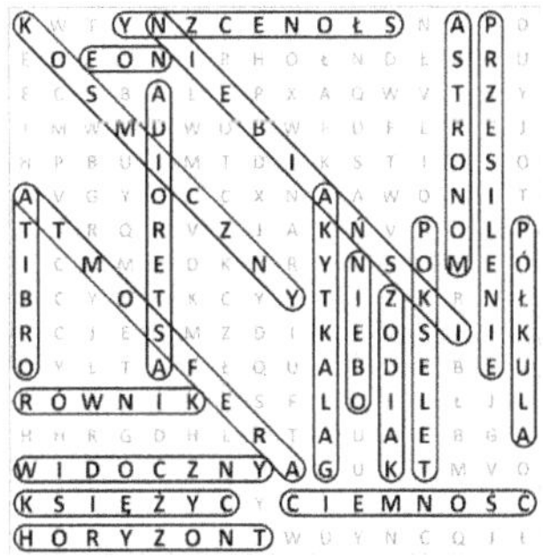

84 - Géographie

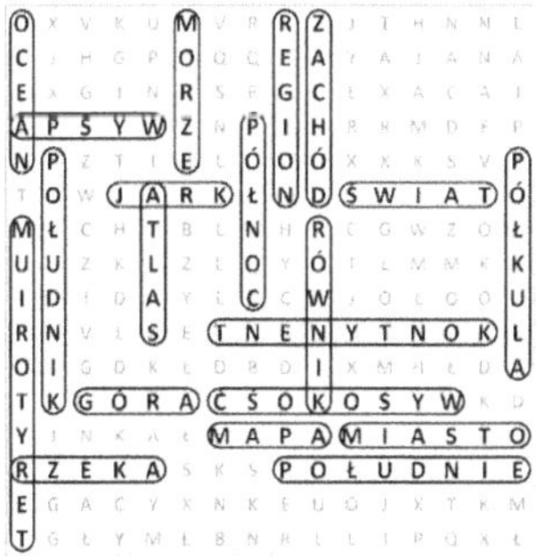

85 - Danse

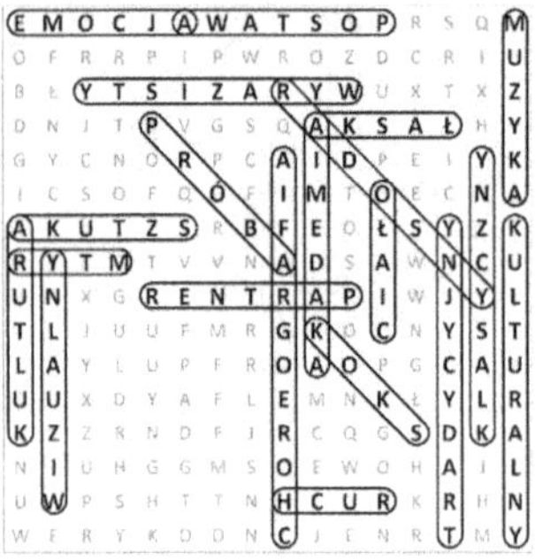

86 - Bâtiments

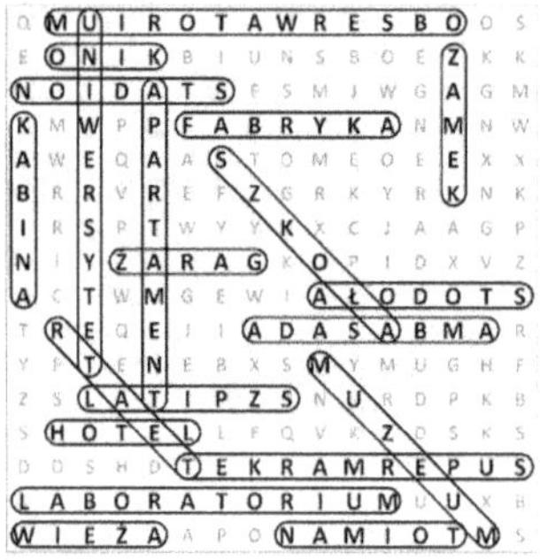

87 - Activités et Loisirs

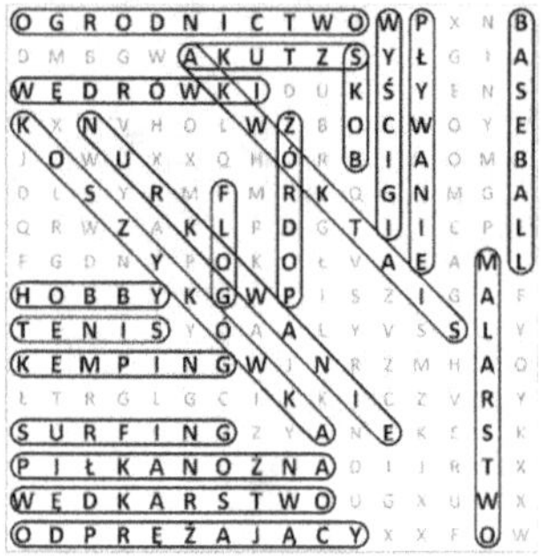

88 - Livres

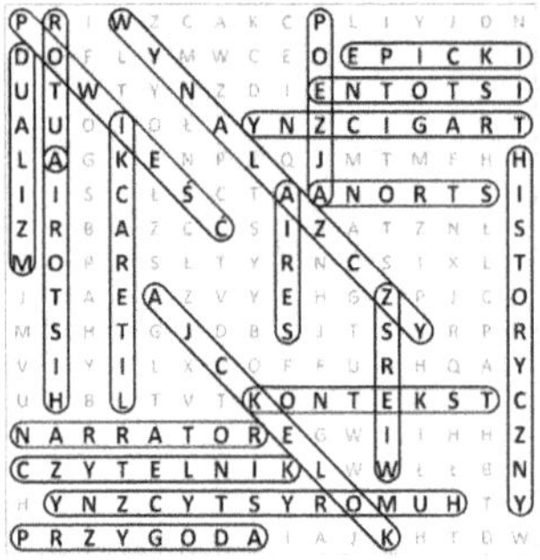

89 - Pays #2

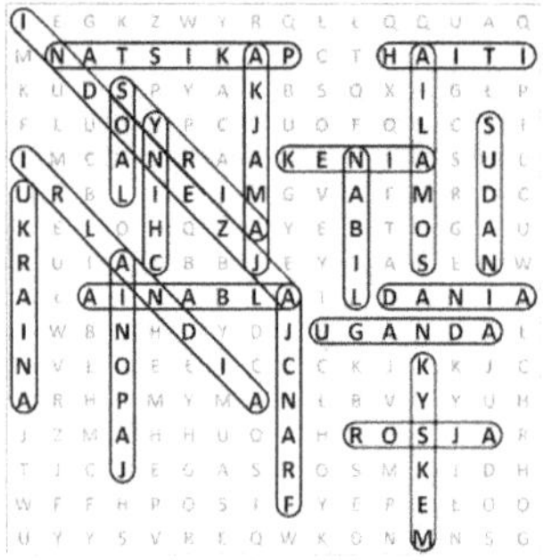

90 - Fournitures d'Art

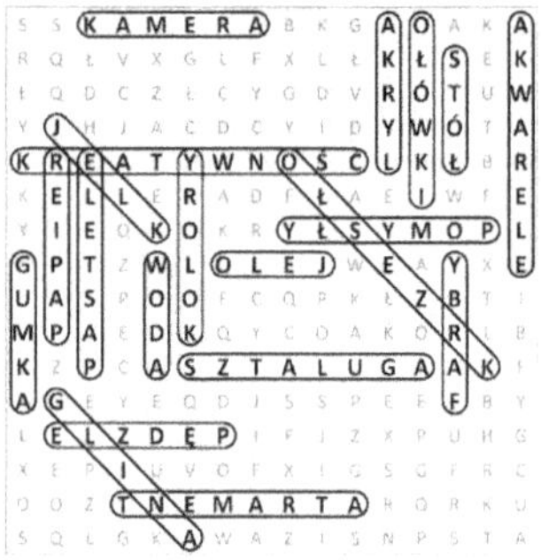

91 - Eau

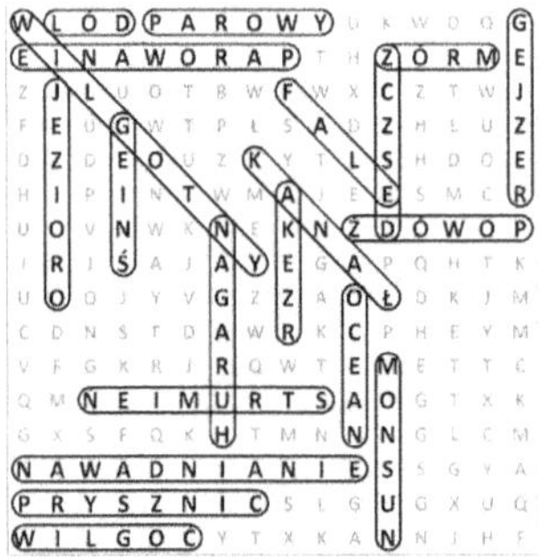

92 - Jazz

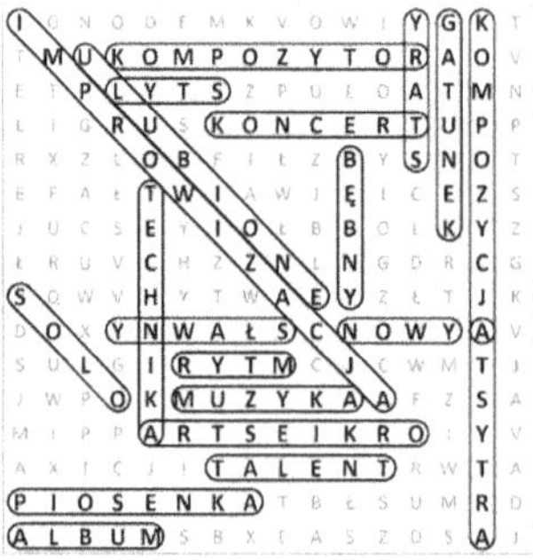

93 - Paysages

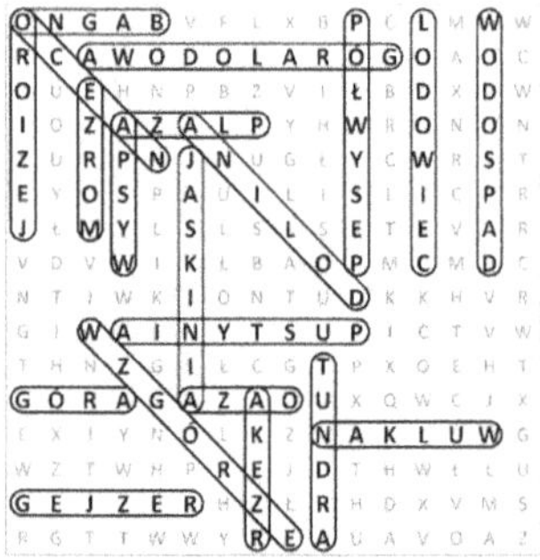

94 - Pays #1

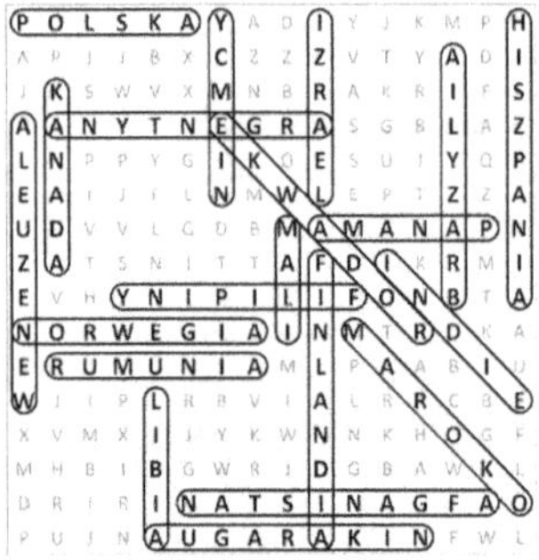

95 - Nombres

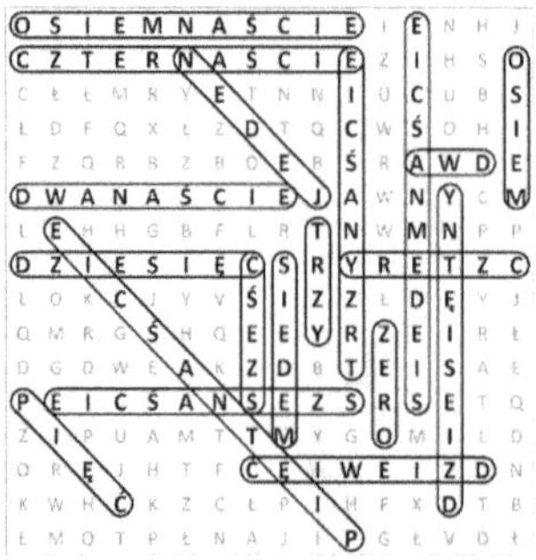

96 - Psychologie

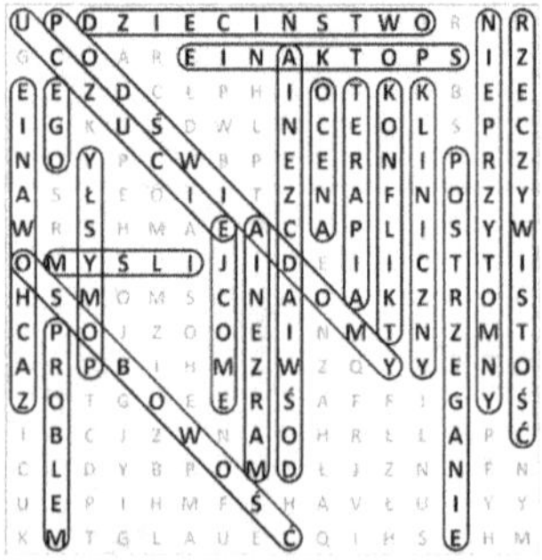

97 - Nature

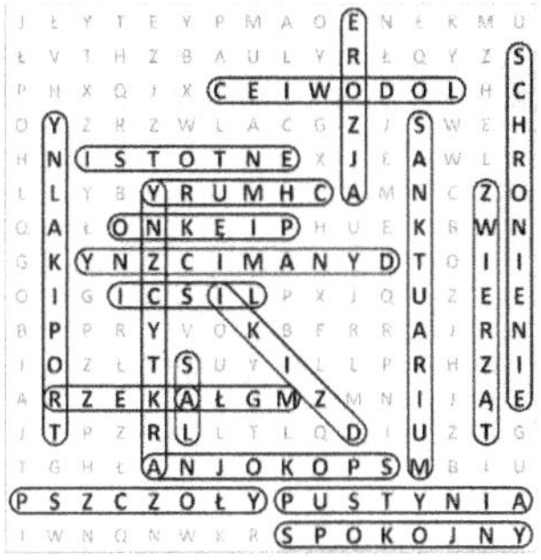

98 - Chimie

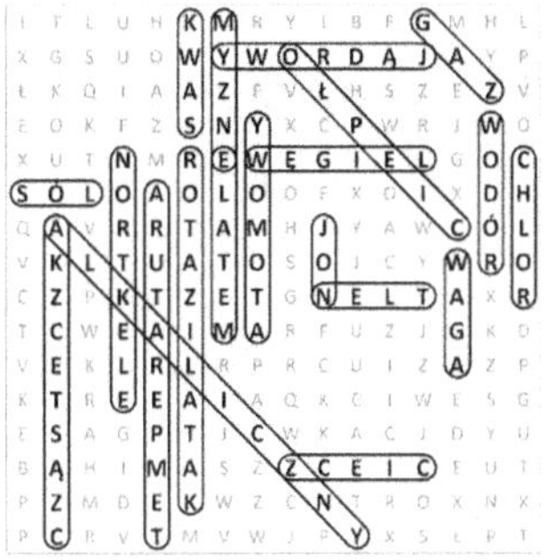

99 - Bateaux

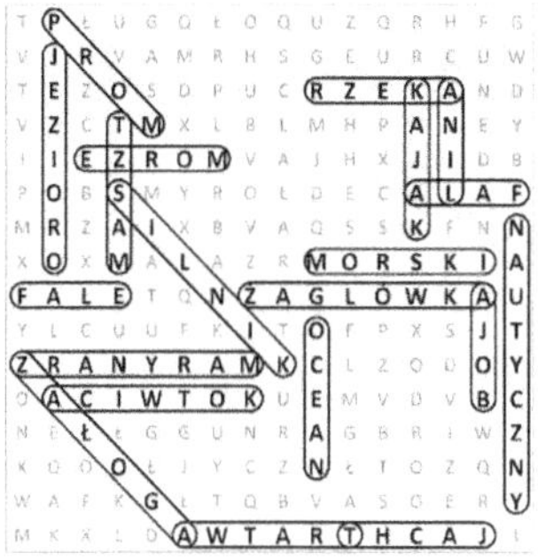

100 - Mesures

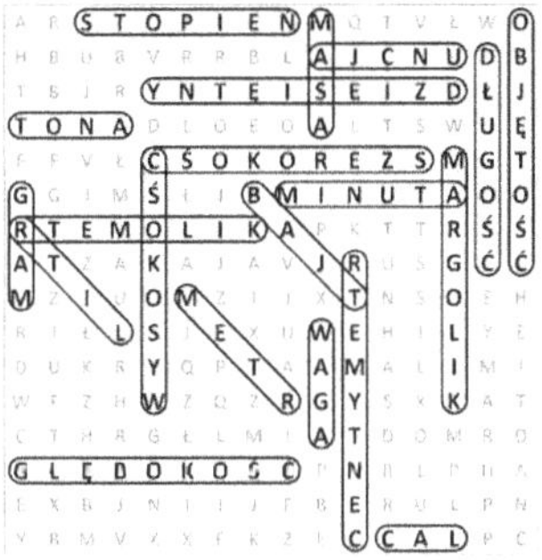

Dictionnaire

Activités
Działalność

Activité	Działalność
Art	Sztuka
Artisanat	Rzemiosła
Camping	Kemping
Céramique	Ceramika
Chasse	Polowanie
Compétence	Umiejętność
Couture	Szycie
Danse	Taniec
Jardinage	Ogrodnictwo
Jeux	Gry
Lecture	Czytanie
Loisir	Wypoczynek
Magie	Magia
Pêche	Wędkarstwo
Photographie	Fotografia
Plaisir	Przyjemność
Puzzles	Zagadki
Randonnée	Wędrówki
Relaxation	Relaks

Activités et Loisirs
Aktywność i Wypoczynek

Art	Sztuka
Base-Ball	Baseball
Basket-Ball	Koszykówka
Boxe	Boks
Camping	Kemping
Course	Wyścigi
Football	Piłka Nożna
Golf	Golf
Jardinage	Ogrodnictwo
Nager	Pływanie
Passe-Temps	Hobby
Peinture	Malarstwo
Pêche	Wędkarstwo
Plongée	Nurkowanie
Randonnée	Wędrówki
Relaxant	Odprężający
Surf	Surfing
Tennis	Tenis
Volley-Ball	Siatkówka
Voyage	Podróż

Adjectifs #1
Przymiotniki # 1

Absolu	Absolutny
Actif	Aktywny
Ambitieux	Ambitny
Aromatique	Aromatyczny
Artistique	Artystyczny
Attractif	Atrakcyjny
Beau	Piękny
Exotique	Egzotyczny
Énorme	Ogromny
Généreux	Hojny
Honnête	Uczciwy
Identique	Identyczny
Important	Ważny
Innocent	Niewinny
Jeune	Młody
Lent	Powoli
Lourd	Ciężki
Mince	Cienki
Moderne	Nowoczesny
Parfait	Doskonały

Adjectifs #2
Przymiotniki # 2

Authentique	Autentyczny
Célèbre	Sławny
Créatif	Twórczy
Descriptif	Opisowy
Doué	Utalentowany
Dramatique	Dramatyczny
Élégant	Elegancki
Fier	Dumny
Fort	Silny
Intéressant	Interesujący
Naturel	Naturalny
Nouveau	Nowy
Productif	Produktywny
Puissant	Potężny
Pur	Czysty
Sain	Zdrowy
Salé	Słony
Sauvage	Dziki
Sec	Suchy
Somnolent	Senny

Agronomie
Agronomia

Agriculture	Rolnictwo
Croissance	Wzrost
Eau	Woda
Engrais	Nawóz
Environnement	Środowisko
Écologie	Ekologia
Énergie	Energia
Érosion	Erozja
Étude	Badanie
Graines	Nasiona
Identification	Identyfikacja
Légumes	Warzywa
Maladies	Choroby
Nourriture	Żywność
Production	Produkcja
Recherche	Badania
Rural	Wiejski
Science	Nauka
Sol	Gleba
Systèmes	Systemy

Algèbre
Algebra

Diagramme	Diagram
Exposant	Wykładnik
Équation	Równanie
Facteur	Czynnik
Faux	Fałszywe
Formule	Formuła
Fraction	Frakcja
Graphique	Wykres
Infini	Nieskończony
Linéaire	Liniowy
Matrice	Matryca
Nombre	Numer
Parenthèse	Nawias
Problème	Problem
Quantité	Ilość
Simplifier	Uprościć
Solution	Rozwiązanie
Soustraction	Odejmowanie
Variable	Zmienna
Zéro	Zero

Antarctique
Antarktyda

Baie	Zatoka
Baleines	Wieloryby
Chercheur	Badacz
Conservation	Ochrona
Continent	Kontynent
Eau	Woda
Environnement	Środowisko
Expédition	Wyprawa
Géographie	Geografia
Glace	Lód
Glaciers	Lodowce
Îles	Wyspy
Migration	Migracja
Minéraux	Minerały
Oiseaux	Ptaki
Péninsule	Półwysep
Rocheux	Skalisty
Scientifique	Naukowy
Température	Temperatura
Topographie	Topografia

Antiquités
Antyki

Art	Sztuka
Authentique	Autentyczny
Bijoux	Biżuteria
Décennies	Dekady
Décoratif	Dekoracyjny
Enchères	Aukcja
Élégant	Elegancki
Galerie	Galeria
Inhabituel	Niezwykły
Investissement	Inwestycja
Meubles	Meble
Peintures	Obrazy
Pièces	Monety
Prix	Cena
Qualité	Jakość
Sculpture	Rzeźba
Siècle	Stulecie
Style	Styl
Valeur	Wartość
Vieux	Stary

Archéologie
Archeologia

Analyse	Analiza
Antiquité	Antyk
Chercheur	Badacz
Civilisation	Cywilizacja
Descendant	Potomek
Expert	Ekspert
Ère	Era
Équipe	Zespół
Évaluation	Ocena
Fossile	Skamieniałość
Inconnu	Nieznany
Mystère	Zagadka
Objets	Obiekty
Os	Kości
Oublié	Zapomniany
Poterie	Garncarstwo
Professeur	Profesor
Relique	Relikt
Temple	Świątynia
Tombe	Grobowiec

Arts Visuels
Sztuki Wizualne

Architecture	Architektura
Argile	Glina
Artiste	Artysta
Céramique	Ceramika
Chef-D'Œuvre	Arcydzieło
Chevalet	Sztaluga
Cire	Wosk
Composition	Kompozycja
Craie	Kreda
Crayon	Ołówek
Créativité	Kreatywność
Film	Film
Peinture	Malarstwo
Perspective	Perspektywa
Photographie	Fotografia
Portrait	Portret
Poterie	Garncarstwo
Sculpture	Rzeźba
Stylo	Długopis
Vernis	Lakier

Astronomie
Astronomia

Astéroïde	Asteroida
Astronaute	Astronauta
Astronome	Astronom
Ciel	Niebo
Constellation	Konstelacja
Cosmos	Kosmos
Éclipse	Zaćmienie
Équinoxe	Równonoc
Fusée	Rakieta
Galaxie	Galaktyka
Lune	Księżyc
Météore	Meteor
Nébuleuse	Mgławica
Observatoire	Obserwatorium
Planète	Planeta
Satellite	Satelita
Solaire	Słoneczny
Supernova	Supernowa
Terre	Ziemia
Univers	Wszechświat

Avions
Samoloty

Air	Powietrze
Atmosphère	Atmosfera
Atterrissage	Lądowanie
Aventure	Przygoda
Ballon	Balon
Carburant	Paliwo
Ciel	Niebo
Construction	Budowa
Descente	Zejście
Direction	Kierunek
Équipage	Załoga
Gonfler	Nadmuchać
Hauteur	Wysokość
Hélices	Śmigła
Histoire	Historia
Hydrogène	Wodór
Moteur	Silnik
Passager	Pasażer
Pilote	Pilot
Turbulence	Turbulencja

Ballet
Balet

Applaudissement	Oklaski
Artistique	Artystyczny
Ballerine	Balerina
Chorégraphie	Choreografia
Compétence	Umiejętność
Compositeur	Kompozytor
Danseurs	Tancerze
Expressif	Wyrazisty
Geste	Gest
Gracieux	Wdzięczny
Intensité	Intensywność
Muscles	Mięśnie
Musique	Muzyka
Orchestre	Orkiestra
Public	Publiczność
Répétition	Próba
Rythme	Rytm
Solo	Solo
Style	Styl
Technique	Technika

Barbecues
Grillowanie

Chaud	Gorący
Couteaux	Noże
Dîner	Obiad
Enfants	Dzieci
Été	Lato
Faim	Głód
Famille	Rodzina
Fourchettes	Widelce
Fruit	Owoc
Gril	Grill
Jeux	Gry
Légumes	Warzywa
Musique	Muzyka
Oignons	Cebule
Poivre	Pieprz
Poulet	Kurczak
Salades	Sałatki
Sauce	Sos
Sel	Sól
Tomates	Pomidory

Bateaux
Łodzie

Ancre	Kotwica
Bouée	Boja
Corde	Lina
Équipage	Załoga
Ferry	Prom
Fleuve	Rzeka
Kayak	Kajak
Lac	Jezioro
Marée	Fala
Marin	Marynarz
Maritime	Morski
Mât	Maszt
Mer	Morze
Moteur	Silnik
Nautique	Nautyczny
Océan	Ocean
Radeau	Tratwa
Vagues	Fale
Voilier	Żaglówka
Yacht	Jacht

Bâtiments
Budynek

Ambassade	Ambasada
Appartement	Apartament
Cabine	Kabina
Château	Zamek
Cinéma	Kino
École	Szkoła
Garage	Garaż
Grange	Stodoła
Hôpital	Szpital
Hôtel	Hotel
Laboratoire	Laboratorium
Musée	Muzeum
Observatoire	Obserwatorium
Stade	Stadion
Supermarché	Supermarket
Tente	Namiot
Théâtre	Teatr
Tour	Wieża
Université	Uniwersytet
Usine	Fabryka

Beauté
Piękno

Boucles	Loki
Charme	Urok
Ciseaux	Nożyczki
Cosmétique	Kosmetyki
Couleur	Kolor
Élégance	Elegancja
Élégant	Elegancki
Grâce	Łaska
Huiles	Oleje
Lisse	Gładki
Maquillage	Makijaż
Mascara	Tusz do Rzęs
Miroir	Lustro
Parfum	Zapach
Peau	Skóra
Photogénique	Fotogeniczny
Rouge à Lèvres	Szminka
Services	Usługi
Shampooing	Szampon
Styliste	Stylista

Biologie
Biologia

Anatomie	Anatomia
Bactéries	Bakteria
Cellule	Komórka
Chromosome	Chromosom
Collagène	Kolagen
Embryon	Zarodek
Enzyme	Enzym
Évolution	Ewolucja
Hormone	Hormon
Mammifère	Ssak
Mutation	Mutacja
Naturel	Naturalny
Nerf	Nerw
Neurone	Neuron
Osmose	Osmoza
Photosynthèse	Fotosynteza
Protéine	Białko
Reptile	Gad
Symbiose	Symbioza
Synapse	Synapsa

Café
Kawa

Acide	Kwaśny
Amer	Gorzki
Arôme	Aromat
Boisson	Napój
Caféine	Kofeina
Crème	Krem
Eau	Woda
Filtre	Filtr
Lait	Mleko
Liquide	Ciecz
Matin	Rano
Moudre	Mielić
Noir	Czarny
Origine	Pochodzenie
Prix	Cena
Rôti	Pieczony
Saveur	Smak
Sucre	Cukier
Tasse	Filiżanka
Variété	Odmiana

Camping
Kemping

Animaux	Zwierząt
Aventure	Przygoda
Boussole	Kompas
Cabine	Kabina
Canoë	Kajak
Carte	Mapa
Chapeau	Kapelusz
Chasse	Polowanie
Corde	Lina
Équipement	Sprzęt
Feu	Ogień
Forêt	Las
Hamac	Hamak
Insecte	Owad
Lac	Jezioro
Lanterne	Latarnia
Lune	Księżyc
Montagne	Góra
Nature	Natura
Tente	Namiot

Chimie
Chemia

Acide	Kwas
Alcalin	Alkaliczny
Atomique	Atomowy
Carbone	Węgiel
Catalyseur	Katalizator
Chaleur	Ciepło
Chlore	Chlor
Enzyme	Enzym
Électron	Elektron
Gaz	Gaz
Hydrogène	Wodór
Ion	Jon
Liquide	Ciecz
Métaux	Metale
Molécule	Cząsteczka
Nucléaire	Jądrowy
Oxygène	Tlen
Poids	Waga
Sel	Sól
Température	Temperatura

Conduite
Prowadzenie Pojazdów

Accident	Wypadek
Bus	Autobus
Camion	Ciężarówka
Carburant	Paliwo
Carte	Mapa
Freins	Hamulce
Garage	Garaż
Gaz	Gaz
Licence	Licencja
Moteur	Silnik
Moto	Motocykl
Piéton	Pieszy
Police	Policja
Route	Droga
Rue	Ulica
Trafic	Ruch Drogowy
Transport	Transport
Tunnel	Tunel
Vitesse	Prędkość
Voiture	Samochód

Corps Humain
Ciało Ludzkie

Bouche	Usta
Cerveau	Mózg
Cheville	Kostka
Cou	Szyja
Coude	Łokieć
Cœur	Serce
Doigt	Palec
Estomac	Żołądek
Épaule	Ramię
Genou	Kolano
Langue	Język
Main	Ręka
Mâchoire	Szczęka
Menton	Podbródek
Nez	Nos
Oreille	Ucho
Peau	Skóra
Sang	Krew
Tête	Głowa
Visage	Twarz

Créativité
Kreatywność

Artistique	Artystyczny
Authenticité	Autentyczność
Clarté	Przejrzystość
Compétence	Umiejętność
Dramatique	Dramatyczny
Expression	Wyrażenie
Émotions	Emocje
Fluidité	Płynność
Idées	Pomysły
Image	Obraz
Imagination	Wyobraźnia
Impression	Wrażenie
Inspiration	Inspiracja
Intensité	Intensywność
Intuition	Intuicja
Inventif	Wynalazczy
Sensation	Uczucie
Spontané	Spontaniczny
Visions	Wizje
Vitalité	Witalność

Cuisine
Kuchnia

Baguettes	Pałeczki
Bol	Miska
Bouilloire	Czajnik
Congélateur	Zamrażarka
Couteaux	Noże
Cruche	Dzbanek
Cuillères	Łyżki
Épices	Przyprawy
Éponge	Gąbka
Four	Piekarnik
Fourchettes	Widelce
Gril	Grill
Louche	Chochla
Nourriture	Żywność
Pot	Słoik
Recette	Przepis
Réfrigérateur	Lodówka
Serviette	Serwetka
Tablier	Fartuch
Tasses	Kubki

Danse
Taniec

Académie	Akademia
Art	Sztuka
Chorégraphie	Choreografia
Classique	Klasyczny
Corps	Ciało
Culture	Kultura
Culturel	Kulturalny
Expressif	Wyrazisty
Émotion	Emocja
Grâce	Łaska
Joyeux	Radosny
Mouvement	Ruch
Musique	Muzyka
Partenaire	Partner
Posture	Postawa
Répétition	Próba
Rythme	Rytm
Saut	Skok
Traditionnel	Tradycyjny
Visuel	Wizualny

Diplomatie
Dyplomacja

Ambassade	Ambasada
Ambassadeur	Ambasador
Campagnes	Kampanie
Citoyens	Obywatele
Civique	Obywatelski
Communauté	Społeczność
Conflit	Konflikt
Conseiller	Doradca
Coopération	Współpraca
Diplomatique	Dyplomatyczny
Discussion	Dyskusja
Éthique	Etyka
Étranger	Zagraniczny
Gouvernement	Rząd
Humanitaire	Humanitarny
Intégrité	Uczciwość
Politique	Polityka
Résolution	Rezolucja
Solution	Rozwiązanie
Traité	Traktat

Disciplines Scientifiques
Dyscypliny Naukowe

Anatomie	Anatomia
Archéologie	Archeologia
Astronomie	Astronomia
Biochimie	Biochemia
Biologie	Biologia
Botanique	Botanika
Chimie	Chemia
Écologie	Ekologia
Géologie	Geologia
Immunologie	Immunologia
Mécanique	Mechanika
Météorologie	Meteorologia
Minéralogie	Mineralogia
Neurologie	Neurologia
Physiologie	Fizjologia
Psychologie	Psychologia
Robotique	Robotyka
Sociologie	Socjologia
Thermodynamique	Termodynamika
Zoologie	Zoologia

Eau
Woda

Canal	Kanał
Douche	Prysznic
Évaporation	Parowanie
Fleuve	Rzeka
Flux	Strumień
Gel	Mróz
Geyser	Gejzer
Glace	Lód
Humide	Wilgotny
Humidité	Wilgoć
Inondation	Powódź
Irrigation	Nawadnianie
Lac	Jezioro
Mousson	Monsun
Neige	Śnieg
Océan	Ocean
Ouragan	Huragan
Pluie	Deszcz
Vagues	Fale
Vapeur	Parowy

Entreprise
Biznes

Argent	Pieniądze
Boutique	Sklep
Budget	Budżet
Bureau	Biuro
Carrière	Kariera
Coût	Koszt
Devise	Waluta
Employeur	Pracodawca
Employé	Pracownik
Entreprise	Firma
Économie	Ekonomia
Finance	Finanse
Impôts	Podatki
Investissement	Inwestycja
Marchandise	Towar
Profit	Zysk
Revenu	Dochód
Transaction	Transakcja
Usine	Fabryka
Vente	Sprzedaż

Écologie
Ekologia

Bénévoles	Wolontariusze
Climat	Klimat
Communautés	Społeczności
Diversité	Różnorodność
Durable	Zrównoważony
Espèce	Gatunek
Faune	Fauna
Flore	Flora
Habitat	Siedlisko
Marais	Bagno
Marin	Morski
Montagnes	Góry
Nature	Natura
Naturel	Naturalny
Plantes	Rośliny
Ressources	Zasoby
Sécheresse	Susza
Survie	Przetrwanie
Variété	Odmiana
Végétation	Roślinność

Électricité
Elektryczność

Aimant	Magnes
Ampoule	Żarówka
Batterie	Bateria
Câble	Kabel
Électricien	Elektryk
Électrique	Elektryczny
Équipement	Sprzęt
Fils	Przewody
Générateur	Generator
Lampe	Lampa
Laser	Laser
Négatif	Minus
Objets	Obiekty
Positif	Plus
Prise	Gniazdo
Quantité	Ilość
Réseau	Sieć
Stockage	Składowanie
Téléphone	Telefon
Télévision	Telewizja

Énergie
Energia

Batterie	Bateria
Carbone	Węgiel
Carburant	Paliwo
Chaleur	Ciepło
Diesel	Diesel
Entropie	Entropia
Environnement	Środowisko
Essence	Benzyna
Électrique	Elektryczny
Électron	Elektron
Hydrogène	Wodór
Industrie	Przemysł
Moteur	Silnik
Nucléaire	Jądrowy
Photon	Foton
Renouvelable	Odnawialne
Soleil	Słońce
Turbine	Turbina
Vapeur	Parowy
Vent	Wiatr

Épices
Przyprawy

Aigre	Kwaśny
Ail	Czosnek
Amer	Gorzki
Anis	Anyż
Cannelle	Cynamon
Cardamome	Kardamon
Coriandre	Kolendra
Cumin	Kminek
Curry	Curry
Fenouil	Koper Włoski
Fenugrec	Kozieradka
Gingembre	Imbir
Oignon	Cebula
Paprika	Papryka
Poivre	Pieprz
Réglisse	Lukrecja
Safran	Szafran
Saveur	Smak
Sel	Sól
Vanille	Wanilia

Famille
Rodzina

Ancêtre	Przodek
Cousin	Kuzyn
Enfance	Dzieciństwo
Enfant	Dziecko
Enfants	Dzieci
Femme	Żona
Fille	Córka
Frère	Brat
Grand-Mère	Babcia
Grand-Père	Dziadek
Mari	Mąż
Maternel	Macierzyński
Mère	Matka
Neveu	Bratanek
Nièce	Siostrzenica
Oncle	Wujek
Paternel	Ojcowski
Père	Ojciec
Soeur	Siostra
Tante	Ciotka

Ferme #1
Gospodarstwo #1

Abeille	Pszczoła
Agriculture	Rolnictwo
Âne	Osioł
Bison	Bizon
Champ	Pole
Chat	Kot
Cheval	Koń
Chèvre	Koza
Chien	Pies
Clôture	Ogrodzenie
Cochon	Świnia
Corbeau	Wrona
Eau	Woda
Engrais	Nawóz
Foin	Siano
Miel	Miód
Poulet	Kurczak
Riz	Ryż
Vache	Krowa
Veau	Cielę

Ferme #2
Gospodarstwo #2

Agneau	Jagnię
Agriculteur	Rolnik
Animaux	Zwierząt
Berger	Pasterz
Blé	Pszenica
Canard	Kaczka
Fruit	Owoc
Grange	Stodoła
Irrigation	Nawadnianie
Lait	Mleko
Lama	Lama
Légume	Warzywo
Maïs	Kukurydza
Mouton	Owce
Nourriture	Żywność
Orge	Jęczmień
Pré	Łąka
Ruche	Ul
Tracteur	Ciągnik
Verger	Sad

Fleurs
Kwiaty

Bouquet	Bukiet
Gardénia	Gardenia
Hibiscus	Hibiskus
Jasmin	Jaśmin
Jonquille	Żonkil
Lavande	Lawenda
Lilas	Liliowy
Lys	Lilia
Magnolia	Magnolia
Marguerite	Stokrotka
Orchidée	Orchidea
Passiflore	Passionflower
Pavot	Mak
Pétale	Płatek
Pivoine	Piwonia
Plumeria	Plumeria
Rose	Róża
Tournesol	Słonecznik
Trèfle	Koniczyna
Tulipe	Tulipan

Force et Gravité
Siła i Grawitacja

Axe	Oś
Centre	Centrum
Découverte	Odkrycie
Distance	Odległość
Dynamique	Dynamiczny
Expansion	Ekspansja
Friction	Tarcie
Impact	Wpływ
Magnétisme	Magnetyzm
Mécanique	Mechanika
Mouvement	Ruch
Orbite	Orbita
Physique	Fizyka
Planètes	Planety
Poids	Waga
Pression	Ciśnienie
Propriétés	Właściwości
Temps	Czas
Universel	Uniwersalny
Vitesse	Prędkość

Formes
Kształty

Arc	Łuk
Bords	Krawędzie
Carré	Kwadrat
Cercle	Koło
Coin	Narożnik
Courbe	Krzywa
Cône	Stożek
Côté	Bok
Cube	Sześcian
Cylindre	Cylinder
Ellipse	Elipsa
Hyperbole	Hiperbola
Ligne	Linia
Ovale	Owal
Polygone	Wielokąt
Prisme	Pryzmat
Pyramide	Piramida
Rectangle	Prostokąt
Sphère	Kula
Triangle	Trójkąt

Fournitures d'Art
Materiały Artystyczne

Acrylique	Akryl
Aquarelles	Akwarele
Argile	Glina
Brosses	Pędzle
Caméra	Kamera
Chaise	Krzesło
Chevalet	Sztaluga
Colle	Klej
Couleurs	Kolory
Crayons	Ołówki
Créativité	Kreatywność
Eau	Woda
Encre	Atrament
Gomme	Gumka
Huile	Olej
Idées	Pomysły
Papier	Papier
Pastels	Pastele
Peinture	Farby
Table	Stół

Fruit
Owoce

Abricot	Morela
Ananas	Ananas
Avocat	Awokado
Baie	Jagoda
Banane	Banan
Cerise	Wiśnia
Citron	Cytryna
Figue	Figa
Framboise	Malina
Goyave	Guawa
Kiwi	Kiwi
Mangue	Mango
Melon	Melon
Nectarine	Nektaryna
Orange	Pomarańczowy
Papaye	Papaja
Pêche	Brzoskwinia
Poire	Gruszka
Pomme	Jabłko
Raisin	Winogrono

Géographie
Geografia

Altitude	Wysokość
Atlas	Atlas
Carte	Mapa
Continent	Kontynent
Équateur	Równik
Fleuve	Rzeka
Hémisphère	Półkula
Île	Wyspa
Mer	Morze
Méridien	Południk
Monde	Świat
Montagne	Góra
Nord	Północ
Océan	Ocean
Ouest	Zachód
Pays	Kraj
Région	Region
Sud	Południe
Territoire	Terytorium
Ville	Miasto

Géologie
Geologia

Acide	Kwas
Calcium	Wapń
Caverne	Grota
Continent	Kontynent
Corail	Koral
Couche	Warstwa
Cristaux	Kryształy
Érosion	Erozja
Fondu	Ciekły
Fossile	Skamieniałość
Geyser	Gejzer
Lave	Lawa
Minéraux	Minerały
Pierre	Kamień
Plateau	Płaskowyż
Quartz	Kwarc
Sel	Sól
Stalactite	Stalaktyt
Volcan	Wulkan
Zone	Strefa

Géométrie
Geometria

Angle	Kąt
Calcul	Obliczeń
Cercle	Koło
Courbe	Krzywa
Diamètre	Średnica
Dimension	Wymiar
Équation	Równanie
Hauteur	Wysokość
Logique	Logika
Masse	Masa
Médian	Mediana
Nombre	Numer
Parallèle	Równoległy
Proportion	Proporcja
Segment	Człon
Surface	Powierzchnia
Symétrie	Symetria
Théorie	Teoria
Triangle	Trójkąt
Vertical	Pionowy

Gouvernement
Rząd

Citoyenneté	Obywatelstwo
Civil	Cywilny
Constitution	Konstytucja
Démocratie	Demokracja
Discours	Mowa
Discussion	Dyskusja
District	Dzielnica
Droits	Prawa
Égalité	Równość
État	Stan
Indépendance	Niezależność
Judiciaire	Sądowy
Liberté	Wolność
Loi	Prawo
Monument	Pomnik
Nation	Naród
National	Krajowe
Paisible	Spokojna
Politique	Polityka
Symbole	Symbol

Herboristerie
Zielarstwo

Ail	Czosnek
Aromatique	Aromatyczny
Basilic	Bazylia
Bénéfique	Korzystny
Culinaire	Kulinarny
Estragon	Estragon
Fenouil	Koper Włoski
Fleur	Kwiat
Ingrédient	Składnik
Jardin	Ogród
Lavande	Lawenda
Marjolaine	Majeranek
Menthe	Mięta
Persil	Pietruszka
Qualité	Jakość
Romarin	Rozmaryn
Safran	Szafran
Saveur	Smak
Thym	Tymianek
Vert	Zielony

Ingénierie
Inżynieria

Angle	Kąt
Axe	Oś
Calcul	Obliczeń
Construction	Budowa
Diagramme	Diagram
Diamètre	Średnica
Diesel	Diesel
Distribution	Dystrybucja
Énergie	Energia
Force	Siła
Leviers	Dźwignie
Liquide	Ciecz
Machine	Maszyna
Mesure	Pomiar
Moteur	Silnik
Profondeur	Głębokość
Propulsion	Napęd
Rotation	Obrót
Stabilité	Stabilność
Structure	Struktura

Instruments de Musique
Instrumenty Muzyczne

Banjo	Banjo
Basson	Fagot
Clarinette	Klarnet
Flûte	Flet
Gong	Gong
Guitare	Gitara
Harmonica	Harmonijka
Harpe	Harfa
Hautbois	Obój
Mandoline	Mandolina
Marimba	Marimba
Percussion	Perkusja
Piano	Pianino
Saxophone	Saksofon
Tambour	Bęben
Tambourin	Tamburyn
Trombone	Puzon
Trompette	Trąbka
Violon	Skrzypce
Violoncelle	Wiolonczela

Jardin
Ogród

Arbre	Drzewo
Banc	Ławka
Buisson	Krzak
Clôture	Ogrodzenie
Étang	Staw
Fleur	Kwiat
Garage	Garaż
Hamac	Hamak
Herbe	Trawa
Jardin	Ogród
Mauvaises Herbes	Chwasty
Pelle	Łopata
Pelouse	Trawnik
Râteau	Grabie
Sol	Gleba
Terrasse	Taras
Trampoline	Trampolina
Tuyau	Wąż
Verger	Sad
Vigne	Winorośl

Jardinage
Prace Ogrodowe

Botanique	Botaniczny
Bouquet	Bukiet
Climat	Klimat
Comestible	Jadalny
Compost	Kompost
Eau	Woda
Espèce	Gatunek
Exotique	Egzotyczny
Feuillage	Liści
Feuille	Liść
Fleur	Kwitnąć
Floral	Kwiatowy
Graines	Nasiona
Humidité	Wilgoć
Récipient	Pojemnik
Saisonnier	Sezonowy
Saleté	Brud
Sol	Gleba
Tuyau	Wąż
Verger	Sad

Jazz
Jazz

Album	Album
Artiste	Artysta
Célèbre	Sławny
Chanson	Piosenka
Compositeur	Kompozytor
Composition	Kompozycja
Concert	Koncert
Favoris	Ulubione
Genre	Gatunek
Improvisation	Improwizacja
Musique	Muzyka
Nouveau	Nowy
Orchestre	Orkiestra
Rythme	Rytm
Solo	Solo
Style	Styl
Talent	Talent
Tambours	Bębny
Technique	Technika
Vieux	Stary

Jours et Mois
Dni i Miesiące

Août	Sierpień
Avril	Kwiecień
Calendrier	Kalendarz
Dimanche	Niedziela
Février	Luty
Janvier	Styczeń
Jeudi	Czwartek
Juillet	Lipiec
Juin	Czerwiec
Lundi	Poniedziałek
Mardi	Wtorek
Mars	Marsz
Mercredi	Środa
Mois	Miesiąc
Novembre	Listopad
Octobre	Październik
Samedi	Sobota
Semaine	Tydzień
Septembre	Wrzesień
Vendredi	Piątek

L'Entreprise
Przedsiębiorstwo

Affaires	Biznes
Créatif	Twórczy
Décision	Decyzja
Emploi	Zatrudnienie
Global	Światowy
Industrie	Przemysł
Innovant	Innowacyjny
Investissement	Inwestycja
Possibilité	Możliwość
Présentation	Prezentacja
Produit	Produkt
Professionnel	Profesjonalny
Progrès	Postęp
Qualité	Jakość
Ressources	Zasoby
Revenu	Przychód
Réputation	Reputacja
Risques	Ryzyka
Tendances	Trendy
Unités	Jednostki

Les Abeilles
Pszczoły

Ailes	Skrzydła
Bénéfique	Korzystny
Cire	Wosk
Diversité	Różnorodność
Essaim	Rój
Écosystème	Ekosystem
Fleur	Kwitnąć
Fleurs	Kwiaty
Fruit	Owoc
Fumée	Dym
Habitat	Siedlisko
Insecte	Owad
Jardin	Ogród
Miel	Miód
Nourriture	Żywność
Plantes	Rośliny
Pollen	Pyłek
Reine	Królowa
Ruche	Ul
Soleil	Słońce

Les Médias
Media

Attitudes	Postawy
Commercial	Komercyjne
Communication	Komunikacja
En Ligne	Online
Édition	Wydanie
Éducation	Edukacja
Faits	Fakty
Images	Obrazy
Individuel	Indywidualne
Industrie	Przemysł
Intellectuel	Intelektualny
Journaux	Gazety
Local	Lokalny
Numérique	Cyfrowy
Opinion	Opinia
Photos	Zdjęcia
Public	Publiczny
Radio	Radio
Réseau	Sieć
Télévision	Telewizja

Légumes
Warzywa

Ail	Czosnek
Artichaut	Karczoch
Aubergine	Bakłażan
Brocoli	Brokuły
Carotte	Marchewka
Céleri	Seler
Champignon	Grzyb
Citrouille	Dynia
Concombre	Ogórek
Échalote	Szalotka
Épinard	Szpinak
Gingembre	Imbir
Navet	Rzepa
Oignon	Cebula
Olive	Oliwa
Persil	Pietruszka
Pois	Groch
Radis	Rzodkiewka
Salade	Sałatka
Tomate	Pomidor

Littérature
Literatura

Analogie	Analogia
Analyse	Analiza
Anecdote	Anegdota
Auteur	Autor
Biographie	Biografia
Comparaison	Porównanie
Conclusion	Wniosek
Description	Opis
Dialogue	Dialog
Fiction	Fikcja
Métaphore	Metafora
Narrateur	Narrator
Poème	Wiersz
Poétique	Poetycki
Rime	Rym
Roman	Powieść
Rythme	Rytm
Style	Styl
Thème	Temat
Tragédie	Tragedia

Livres
Książki

Auteur	Autor
Aventure	Przygoda
Collection	Kolekcja
Contexte	Kontekst
Dualité	Dualizm
Épique	Epicki
Histoire	Historia
Historique	Historyczny
Humoristique	Humorystyczny
Inventif	Wynalazczy
Lecteur	Czytelnik
Littéraire	Literacki
Narrateur	Narrator
Page	Strona
Pertinent	Istotne
Poème	Wiersz
Poésie	Poezja
Roman	Powieść
Série	Seria
Tragique	Tragiczny

Maison
Dom

Balai	Miotła
Bibliothèque	Biblioteka
Chambre	Pokój
Cheminée	Kominek
Clés	Klucze
Clôture	Ogrodzenie
Cuisine	Kuchnia
Douche	Prysznic
Fenêtre	Okno
Garage	Garaż
Grenier	Strych
Jardin	Ogród
Lampe	Lampa
Miroir	Lustro
Mur	Ściana
Plafond	Sufit
Porte	Drzwi
Rideaux	Zasłony
Tapis	Dywan
Toit	Dach

Maladie
Choroby

Abdominal	Brzuszny
Allergies	Alergie
Bien-Être	Wellness
Chronique	Chroniczny
Contagieux	Zaraźliwy
Corps	Ciało
Cœur	Serce
Faible	Słaby
Génétique	Genetyczny
Héréditaire	Dziedziczny
Immunité	Odporność
Inflammation	Zapalenie
Lombaire	Lędźwiowy
Neuropathie	Neuropatia
Os	Kości
Pulmonaire	Płucny
Respiratoire	Oddechowy
Santé	Zdrowie
Syndrome	Zespół
Thérapie	Terapia

Mammifères
Ssaki

Baleine	Wieloryb
Chat	Kot
Cheval	Koń
Chien	Pies
Coyote	Kojot
Dauphin	Delfin
Éléphant	Słoń
Girafe	Żyrafa
Gorille	Goryl
Kangourou	Kangur
Lapin	Królik
Lion	Lew
Loup	Wilk
Mouton	Owce
Ours	Niedźwiedź
Renard	Lis
Singe	Małpa
Taureau	Byk
Tigre	Tygrys
Zèbre	Zebra

Mathématiques
Matematyka

Angles	Kąty
Arithmétique	Arytmetyka
Carré	Kwadrat
Circonférence	Obwód
Décimal	Dziesiętny
Diamètre	Średnica
Exposant	Wykładnik
Équation	Równanie
Fraction	Frakcja
Géométrie	Geometria
Parallèle	Równoległy
Parallélogramme	Równoległobok
Perpendiculaire	Prostopadły
Polygone	Wielokąt
Rayon	Promień
Rectangle	Prostokąt
Somme	Suma
Symétrie	Symetria
Triangle	Trójkąt
Volume	Objętość

Mesures
Pomiary

Centimètre	Centymetr
Degré	Stopień
Décimal	Dziesiętny
Gramme	Gram
Hauteur	Wysokość
Kilogramme	Kilogram
Kilomètre	Kilometr
Largeur	Szerokość
Litre	Litr
Longueur	Długość
Masse	Masa
Mètre	Metr
Minute	Minuta
Octet	Bajt
Once	Uncja
Poids	Waga
Pouce	Cal
Profondeur	Głębokość
Tonne	Tona
Volume	Objętość

Méditation
Medytacja

Acceptation	Przyjęcie
Attention	Uwaga
Calme	Spokój
Clarté	Przejrzystość
Compassion	Współczucie
Émotions	Emocje
Éveillé	Obudzić
Gentillesse	Życzliwość
Gratitude	Wdzięczność
Habitudes	Nawyki
Mental	Psychiczny
Mouvement	Ruch
Musique	Muzyka
Nature	Natura
Observation	Obserwacja
Paix	Pokój
Perspective	Perspektywa
Posture	Postawa
Respiration	Oddechowy
Silence	Cisza

Mode
Moda

Abordable	Niedrogie
Boutique	Butik
Boutons	Przyciski
Broderie	Haft
Cher	Drogi
Confortable	Wygodny
Dentelle	Koronki
Élégant	Elegancki
Moderne	Nowoczesny
Modeste	Skromny
Modèle	Wzór
Original	Oryginał
Pratique	Praktyczny
Simple	Prosty
Sophistiqué	Wyrafinowany
Style	Styl
Tendance	Tendencja
Texture	Tekstura
Tissu	Tkanina
Vêtements	Odzież

Musique
Muzyka

Album	Album
Ballade	Ballada
Chanter	Śpiewać
Chanteur	Piosenkarz
Classique	Klasyczny
Enregistrement	Nagranie
Harmonie	Harmonia
Harmonique	Harmoniczny
Instrument	Instrument
Lyrique	Liryczny
Mélodie	Melodia
Microphone	Mikrofon
Musical	Musical
Musicien	Muzyk
Opéra	Opera
Poétique	Poetycki
Rythme	Rytm
Rythmique	Rytmiczny
Tempo	Tempo
Vocal	Wokal

Mythologie
Mitologia

Archétype	Archetyp
Catastrophe	Katastrofa
Comportement	Zachowanie
Création	Kreacja
Créature	Stworzenie
Croyances	Wierzenia
Culture	Kultura
Éclair	Piorun
Force	Siła
Guerrier	Wojownik
Héroïne	Bohaterka
Héros	Bohater
Jalousie	Zazdrość
Labyrinthe	Labirynt
Légende	Legenda
Magique	Magiczny
Monstre	Potwór
Mortel	Śmiertelny
Tonnerre	Grzmot
Vengeance	Zemsta

Nature
Przyroda

Abeilles	Pszczoły
Abri	Schronienie
Animaux	Zwierząt
Arctique	Arktyczny
Beauté	Piękno
Brouillard	Mgła
Désert	Pustynia
Dynamique	Dynamiczny
Érosion	Erozja
Feuillage	Liści
Fleuve	Rzeka
Forêt	Las
Glacier	Lodowiec
Nuage	Chmury
Paisible	Spokojna
Sanctuaire	Sanktuarium
Sauvage	Dziki
Serein	Spokojny
Tropical	Tropikalny
Vital	Istotne

Nombres
Liczby

Cinq	Pięć
Deux	Dwa
Décimal	Dziesiętny
Dix	Dziesięć
Dix-Huit	Osiemnaście
Dix-Sept	Siedemnaście
Douze	Dwanaście
Huit	Osiem
Neuf	Dziewięć
Quatorze	Czternaście
Quatre	Cztery
Quinze	Piętnaście
Seize	Szesnaście
Sept	Siedem
Six	Sześć
Treize	Trzynaście
Trois	Trzy
Un	Jeden
Vingt	Dwadzieścia
Zéro	Zero

Nourriture #1
Jedzenie # 1

Ail	Czosnek
Basilic	Bazylia
Café	Kawa
Cannelle	Cynamon
Carotte	Marchewka
Citron	Cytryna
Épinard	Szpinak
Fraise	Truskawka
Jus	Sok
Lait	Mleko
Navet	Rzepa
Oignon	Cebula
Orge	Jęczmień
Poire	Gruszka
Salade	Sałatka
Sel	Sól
Soupe	Zupa
Sucre	Cukier
Thon	Tuńczyk
Viande	Mięso

Nourriture #2
Jedzenie # 2

Amande	Migdał
Aubergine	Bakłażan
Banane	Banan
Blé	Pszenica
Brocoli	Brokuły
Cerise	Wiśnia
Céleri	Seler
Champignon	Grzyb
Chocolat	Czekolada
Jambon	Szynka
Kiwi	Kiwi
Mangue	Mango
Oeuf	Jajko
Pain	Chleb
Poisson	Ryba
Pomme	Jabłko
Poulet	Kurczak
Raisin	Winogrono
Riz	Ryż
Tomate	Pomidor

Nutrition
Odżywianie

Amer	Gorzki
Appétit	Apetyt
Calories	Kalorie
Comestible	Jadalny
Diète	Dieta
Digestion	Trawienie
Épices	Przyprawy
Équilibré	Zrównoważony
Fermentation	Fermentacja
Glucides	Węglowodany
Liquides	Płyny
Poids	Waga
Protéines	Białka
Qualité	Jakość
Sain	Zdrowy
Santé	Zdrowie
Sauce	Sos
Saveur	Smak
Toxine	Toksyna
Vitamine	Witamina

Océan
Ocean

Algue	Wodorost
Anguille	Węgorz
Baleine	Wieloryb
Bateau	Łódź
Corail	Koral
Crabe	Krab
Crevette	Krewetka
Dauphin	Delfin
Éponge	Gąbka
Huître	Ostryga
Méduse	Meduza
Poisson	Ryba
Poulpe	Ośmiornica
Requin	Rekin
Récif	Rafa
Sel	Sól
Tempête	Burza
Thon	Tuńczyk
Tortue	Żółw
Vagues	Fale

Oiseaux
Ptaki

Aigle	Orzeł
Autruche	Struś
Canard	Kaczka
Cigogne	Bocian
Colombe	Gołąb
Corbeau	Wrona
Coucou	Kukułka
Cygne	Łabędź
Flamant	Flaming
Héron	Czapla
Manchot	Pingwin
Moineau	Wróbel
Mouette	Mewa
Oeuf	Jajko
Oie	Gęś
Paon	Paw
Perroquet	Papuga
Pélican	Pelikan
Poulet	Kurczak
Toucan	Tukan

Pays #1
Kraje # 1

Afghanistan	Afganistan
Allemagne	Niemcy
Argentine	Argentyna
Brésil	Brazylia
Canada	Kanada
Espagne	Hiszpania
Équateur	Ekwador
Finlande	Finlandia
Inde	Indie
Israël	Izrael
Libye	Libia
Mali	Mali
Maroc	Maroko
Nicaragua	Nikaragua
Norvège	Norwegia
Panama	Panama
Philippines	Filipiny
Pologne	Polska
Roumanie	Rumunia
Venezuela	Wenezuela

Pays #2
Kraje # 2

Albanie	Albania
Chine	Chiny
Danemark	Dania
France	Francja
Haïti	Haiti
Indonésie	Indonezja
Irlande	Irlandia
Jamaïque	Jamajka
Japon	Japonia
Kenya	Kenia
Laos	Laos
Liban	Liban
Mexique	Meksyk
Ouganda	Uganda
Pakistan	Pakistan
Russie	Rosja
Somalie	Somalia
Soudan	Sudan
Syrie	Syria
Ukraine	Ukraina

Paysages
Krajobrazy

Cascade	Wodospad
Colline	Wzgórze
Désert	Pustynia
Fleuve	Rzeka
Geyser	Gejzer
Glacier	Lodowiec
Grotte	Jaskinia
Iceberg	Góra Lodowa
Île	Wyspa
Lac	Jezioro
Marais	Bagno
Mer	Morze
Montagne	Góra
Oasis	Oaza
Océan	Ocean
Péninsule	Półwysep
Plage	Plaża
Toundra	Tundra
Vallée	Dolina
Volcan	Wulkan

Philanthropie
Filantropia

Besoin	Potrzeba
Buts	Cele
Charité	Dobroczynność
Communauté	Społeczność
Contacts	Łączność
Défis	Wyzwania
Enfants	Dzieci
Finance	Finanse
Fonds	Fundusze
Gens	Ludzie
Générosité	Hojność
Global	Światowy
Groupes	Grupy
Histoire	Historia
Honnêteté	Uczciwość
Humanité	Ludzkość
Jeunesse	Młodzież
Mission	Misja
Programmes	Programy
Public	Publiczny

Physique
Fizyka

Atome	Atom
Chaos	Chaos
Chimique	Chemiczny
Densité	Gęstość
Expansion	Ekspansja
Électron	Elektron
Formule	Formuła
Fréquence	Częstotliwość
Gaz	Gaz
Gravité	Grawitacja
Magnétisme	Magnetyzm
Masse	Masa
Mécanique	Mechanika
Molécule	Cząsteczka
Moteur	Silnik
Nucléaire	Jądrowy
Particule	Cząstka
Relativité	Względność
Universel	Uniwersalny
Vitesse	Prędkość

Plantes
Rośliny

Arbre	Drzewo
Baie	Jagoda
Bambou	Bambus
Botanique	Botanika
Buisson	Krzak
Cactus	Kaktus
Engrais	Nawóz
Feuillage	Liści
Fleur	Kwiat
Flore	Flora
Forêt	Las
Grandir	Rosnąć
Haricot	Fasola
Herbe	Trawa
Jardin	Ogród
Lierre	Bluszcz
Mousse	Mech
Pétale	Płatek
Racine	Źródło
Végétation	Roślinność

Professions #1
Zawody # 1

Ambassadeur	Ambasador
Artiste	Artysta
Astronome	Astronom
Avocat	Prawnik
Banquier	Bankier
Bijoutier	Jubiler
Cartographe	Kartograf
Chasseur	Myśliwy
Danseur	Tancerz
Entraîneur	Trener
Éditeur	Redaktor
Géologue	Geolog
Infirmière	Pielęgniarka
Médecin	Lekarz
Musicien	Muzyk
Pianiste	Pianista
Plombier	Hydraulik
Pompier	Strażak
Psychologue	Psycholog
Scientifique	Naukowiec

Professions #2
Zawody # 2

Astronaute	Astronauta
Bibliothécaire	Bibliotekarz
Biologiste	Biolog
Chercheur	Badacz
Chirurgien	Chirurg
Dentiste	Dentysta
Détective	Detektyw
Enseignant	Nauczyciel
Illustrateur	Ilustrator
Ingénieur	Inżynier
Inventeur	Wynalazca
Jardinier	Ogrodnik
Journaliste	Dziennikarz
Linguiste	Językoznawca
Médecin	Lekarz
Peintre	Malarz
Philosophe	Filozof
Photographe	Fotograf
Pilote	Pilot
Zoologiste	Zoolog

Psychologie
Psychologia

Clinique	Kliniczny
Comportement	Zachowanie
Conflit	Konflikt
Ego	Ego
Enfance	Dzieciństwo
Expériences	Doświadczenia
Émotions	Emocje
Évaluation	Ocena
Idées	Pomysły
Inconscient	Nieprzytomny
Pensées	Myśli
Perception	Postrzeganie
Personnalité	Osobowość
Problème	Problem
Rendez-Vous	Spotkanie
Réalité	Rzeczywistość
Rêves	Marzenia
Sensation	Uczucie
Subconscient	Podświadomy
Thérapie	Terapia

Randonnée
Turystyka Piesza

Animaux	Zwierząt
Bottes	Buty
Camping	Kemping
Carte	Mapa
Climat	Klimat
Eau	Woda
Falaise	Klif
Fatigué	Zmęczony
Guides	Przewodniki
Lourd	Ciężki
Météo	Pogoda
Montagne	Góra
Nature	Natura
Orientation	Orientacja
Parcs	Parki
Pierres	Kamienie
Préparation	Przygotowanie
Sauvage	Dziki
Soleil	Słońce
Sommet	Szczyt

Remplir
Do Wypełnienia

Baril	Beczka
Bassin	Basen
Boîte	Pudełko
Bouteille	Butelka
Caisse	Skrzynia
Carton	Karton
Dossier	Folder
Enveloppe	Koperta
Navire	Naczynie
Panier	Kosz
Paquet	Pakiet
Plateau	Taca
Poche	Kieszeń
Pot	Słoik
Sac	Torba
Seau	Wiadro
Tiroir	Szuflada
Tube	Rura
Valise	Walizka
Vase	Wazon

Restaurant #2
Restauracja # 2

Apéritif	Przystawka
Boisson	Napój
Chaise	Krzesło
Cuillère	Łyżka
Délicieux	Pyszny
Dîner	Obiad
Eau	Woda
Épices	Przyprawy
Fourchette	Widelec
Fruit	Owoc
Gâteau	Ciasto
Glace	Lód
Légumes	Warzywa
Nouilles	Makaron
Oeuf	Jaja
Poisson	Ryba
Salade	Sałatka
Sel	Sól
Serveur	Kelner
Soupe	Zupa

Réchauffement Climatique
Globalne Ocieplenie

Arctique	Arktyczny
Attention	Uwaga
Changements	Zmiany
Climat	Klimat
Crise	Kryzys
Développement	Rozwój
Données	Dane
Environnemental	Środowisko
Énergie	Energia
Futur	Przyszłość
Gaz	Gaz
Générations	Pokolenia
Gouvernement	Rząd
Habitats	Siedliska
Industrie	Przemysł
Législation	Ustawodawstwo
Maintenant	Teraz
Populations	Populacje
Scientifique	Naukowiec
Températures	Temperatury

Santé et Bien-Être #1
Zdrowie i Wellness # 1

Actif	Aktywny
Bactéries	Bakteria
Clinique	Klinika
Faim	Głód
Fracture	Złamanie
Habitude	Nawyk
Hauteur	Wysokość
Hormone	Hormony
Médecin	Lekarz
Médicament	Medycyna
Muscles	Mięśnie
Os	Kości
Peau	Skóra
Pharmacie	Apteka
Posture	Postawa
Relaxation	Relaks
Réflexe	Odruch
Thérapie	Terapia
Traitement	Leczenie
Virus	Wirus

Santé et Bien-Être #2
Zdrowie i Wellness # 2

Allergie	Alergia
Anatomie	Anatomia
Appétit	Apetyt
Calorie	Kaloria
Corps	Ciało
Déshydratation	Odwodnienie
Diète	Dieta
Énergie	Energia
Génétique	Genetyka
Hôpital	Szpital
Hygiène	Higiena
Infection	Infekcja
Maladie	Choroba
Massage	Masaż
Nutrition	Odżywianie
Poids	Waga
Sain	Zdrowy
Sang	Krew
Stress	Stres
Vitamine	Witamina

Science
Nauki Ścisłe

Atome	Atom
Chimique	Chemiczny
Climat	Klimat
Données	Dane
Expérience	Eksperyment
Évolution	Ewolucja
Fait	Fakt
Fossile	Skamieniałość
Gravité	Grawitacja
Hypothèse	Hipoteza
Laboratoire	Laboratorium
Méthode	Metoda
Minéraux	Minerały
Molécules	Cząsteczki
Nature	Natura
Observation	Obserwacja
Organisme	Organizm
Particules	Cząstki
Physique	Fizyka
Scientifique	Naukowiec

Science-Fiction
Fantastyka Naukowa

Atomique	Atomowy
Cinéma	Kino
Explosion	Wybuch
Extrême	Skrajny
Fantastique	Fantastyczny
Feu	Ogień
Futuriste	Futurystyczny
Galaxie	Galaktyka
Illusion	Iluzja
Imaginaire	Wyimaginowany
Livres	Książki
Monde	Świat
Mystérieux	Tajemniczy
Oracle	Wyrocznia
Planète	Planeta
Réaliste	Realistyczny
Robots	Roboty
Scénario	Scenariusz
Technologie	Technologia
Utopie	Utopia

Sport
Sport

Athlète	Atleta
Capacité	Zdolność
Corps	Ciało
Cyclisme	Kolarstwo
Danse	Taniec
Diète	Dieta
Endurance	Wytrzymałość
Entraîneur	Trener
Force	Siła
Jogging	Jogging
Maximiser	Wyolbrzymiać
Métabolique	Metaboliczne
Muscles	Mięśnie
Nager	Pływać
Nutrition	Odżywianie
Objectif	Cel
Os	Kości
Programme	Program
Santé	Zdrowie
Sports	Sporty

Temps
Czas

Année	Rok
Annuel	Roczne
Après	Po
Avant	Przed
Bientôt	Wkrótce
Calendrier	Kalendarz
Décennie	Dekada
Futur	Przyszłość
Heure	Godzina
Hier	Wczoraj
Horloge	Zegar
Jour	Dzień
Maintenant	Teraz
Matin	Rano
Midi	Południe
Minute	Minuta
Mois	Miesiąc
Nuit	Noc
Semaine	Tydzień
Siècle	Stulecie

Types de Cheveux
Rodzaje Włosów

Argent	Srebro
Blanc	Biały
Blond	Blond
Boucles	Loki
Brillant	Błyszczący
Chauve	Łysy
Coloré	Kolorowe
Court	Krótki
Doux	Miękki
Épais	Gruby
Frisé	Kręcone
Gris	Szary
Long	Długie
Marron	Brązowy
Mince	Cienki
Noir	Czarny
Ondulé	Falisty
Sain	Zdrowy
Sec	Suchy
Tressé	Pleciony

Univers
Wszechświat

Astéroïde	Asteroida
Astronome	Astronom
Astronomie	Astronomia
Atmosphère	Atmosfera
Céleste	Niebiański
Ciel	Niebo
Cosmique	Kosmiczny
Éon	Eon
Équateur	Równik
Galaxie	Galaktyka
Hémisphère	Półkula
Horizon	Horyzont
Lune	Księżyc
Obscurité	Ciemność
Orbite	Orbita
Solaire	Słoneczny
Solstice	Przesilenie
Télescope	Teleskop
Visible	Widoczny
Zodiaque	Zodiak

Vacances #2
Wakacje # 2

Aéroport	Lotnisko
Camping	Kemping
Carte	Mapa
Étranger	Cudzoziemiec
Hôtel	Hotel
Île	Wyspa
Loisir	Wypoczynek
Mer	Morze
Passeport	Paszport
Photos	Zdjęcia
Plage	Plaża
Restaurant	Restauracja
Réservations	Rezerwacje
Taxi	Taxi
Tente	Namiot
Train	Pociąg
Transport	Transport
Vacances	Wakacje
Visa	Wiza
Voyage	Podróż

Véhicules
Pojazdy

Ambulance	Ambulans
Avion	Samolot
Bateau	Łódź
Bus	Autobus
Camion	Ciężarówka
Caravane	Karawana
Ferry	Prom
Fusée	Rakieta
Hélicoptère	Śmigłowiec
Métro	Metro
Moteur	Silnik
Pneus	Opony
Radeau	Tratwa
Scooter	Skuter
Sous-Marin	Łódź Podwodna
Taxi	Taxi
Tracteur	Ciągnik
Train	Pociąg
Vélo	Rower
Voiture	Samochód

Vêtements
Ubrania

Bracelet	Bransoletka
Ceinture	Pas
Chapeau	Kapelusz
Chaussure	But
Chemise	Koszula
Chemisier	Bluza
Collier	Naszyjnik
Foulard	Szalik
Gants	Rękawiczki
Jeans	Dżinsy
Jupe	Spódnica
Manteau	Płaszcz
Mode	Moda
Pantalon	Spodnie
Pull	Sweter
Pyjama	Piżama
Robe	Sukienka
Sandales	Sandały
Tablier	Fartuch
Veste	Kurtka

Ville
Miasto

Aéroport	Lotnisko
Banque	Bank
Bibliothèque	Biblioteka
Boulangerie	Piekarnia
Cinéma	Kino
Clinique	Klinika
École	Szkoła
Fleuriste	Kwiaciarz
Galerie	Galeria
Hôtel	Hotel
Librairie	Księgarnia
Marché	Rynek
Musée	Muzeum
Pharmacie	Apteka
Restaurant	Restauracja
Stade	Stadion
Supermarché	Supermarket
Théâtre	Teatr
Université	Uniwersytet
Zoo	Zoo

Félicitations

Vous avez réussi !

Nous espérons que vous avez apprécié ce livre autant que nous avons pris plaisir à le concevoir. Nous faisons de notre mieux pour créer des livres de la meilleure qualité possible.
Cette édition est conçue pour permettre un apprentissage intelligent et de qualité en se divertissant !

Vous avez aimé ce livre ?

Une Simple Demande

Nos livres existent grâce aux avis que vous publiez. Pourriez-vous nous aider en laissant un avis maintenant ?

Voici un lien rapide qui vous mènera à votre page d'évaluation de vos commandes :

BestBooksActivity.com/Avis50

CHALLENGE FINAL !

Défi n°1

Êtes-vous prêt pour votre jeu bonus ? Nous les utilisons tout le temps mais ils ne sont pas si faciles à trouver. Voici les Synonymes !

Notez 5 mots que vous avez trouvés dans les puzzles notés ci-dessous (n°21, n°36, n°76) et essayez de trouver 2 synonymes pour chaque mot.

Notez 5 Mots du ***Puzzle 21***

Mots	Synonyme 1	Synonyme 2

Notez 5 Mots du ***Puzzle 36***

Mots	Synonyme 1	Synonyme 2

Notez 5 Mots du ***Puzzle 76***

Mots	Synonyme 1	Synonyme 2

Défi n°2

Maintenant que vous vous êtes échauffé, notez 5 mots que vous avez découverts dans les Puzzles n° 9, n° 17, n° 25 et essayez de trouver 2 antonymes pour chaque mot. Combien pouvez-vous en trouver en 20 minutes ?

Notez 5 Mots du ***Puzzle 9***

Mots	Antonyme 1	Antonyme 2

Notez 5 Mots du ***Puzzle 17***

Mots	Antonyme 1	Antonyme 2

Notez 5 Mots du ***Puzzle 25***

Mots	Antonyme 1	Antonyme 2

Défi n°3

Formidable ! Ce défi final  n'est rien pour vous.

Prêt pour le dernier défi ? Choisissez 10 mots que vous avez découverts parmi les différents puzzles et notez-les ci-dessous.

1.	6.
2.	7.
3.	8.
4.	9.
5.	10.

Maintenant, composez un texte en pensant à une personne, un animal ou un lieu que vous aimez !

Astuce: Vous pouvez utiliser la dernière page de ce livre comme brouillon !

Votre Composition :

CARNET DE NOTES :

À TRÈS BIENTÔT !

Toute l'équipe

www.ingramcontent.com/pod-product-compliance
Lightning Source LLC
Chambersburg PA
CBHW082207120626
46553CB00010B/3051
9798896705413